¿Nuestro Futuro en Peligro? Agenda 2030

La verdad sobre El Gran Reajuste, el FEM, la OMS, Davos, Blackrock y el futuro globalista del G20

Crisis económica - Escasez de alimentos - Hiperinflación mundial

Rebel Press Media

Descargo de responsabilidad

Copyright 2021 by Rebel Press Media - Todos los derechos reservados

Este documento pretende proporcionar información exacta y fiable en relación con el tema y la cuestión tratados. La publicación se vende con la idea de que el editor no está obligado a prestar servicios contables, oficialmente permitidos o de otro tipo, calificados. En caso de que sea necesario un asesoramiento, legal o profesional, se debe pedir a una persona con experiencia en la profesión - de una Declaración de Principios que fue aceptada y aprobada igualmente por un Comité de la Asociación de Abogados de Estados Unidos y un Comité de los Editores y Asociaciones.

En ningún caso es legal la reproducción, duplicación o transmisión de cualquier parte de este documento, ya sea por medios electrónicos o en formato impreso. La grabación de esta publicación está estrictamente prohibida y no se permite el almacenamiento de este documento a menos que se cuente con la autorización por escrito del editor. Todos los derechos reservados.

La presentación de la información es sin contrato ni ningún tipo de garantía. Las marcas comerciales que se utilizan son sin ningún tipo de consentimiento, y la publicación de la marca comercial es sin el permiso o el respaldo del propietario de la marca. Todas las marcas comerciales y marcas dentro de este libro son sólo para fines de aclaración y son propiedad de los propios propietarios, no afiliados a este documento. No fomentamos ningún tipo de abuso de sustancias y no nos hacemos responsables de la participación en actividades ilegales.

¿Sociedad sin dinero en efectivo?

¿Está usted dispuesto a entregar toda su libertad y sus bienes, incluso los financieros, al gobierno, y a que éstos se vinculen a su estado de vacunación? Si es así, no necesitas hacer nada, porque pronto llegará el momento.

El siguiente paso para que el dinero en efectivo carezca totalmente de valor (dentro de 18 meses en la UE) estará vinculado al cupón de identificación QR, que será obligatorio a partir de julio

Anteayer marcó el primer comienzo tangible de un punto de inflexión de enorme importancia en la historia financiera. Concretamente, los Estados Unidos presentaron la Ley ECASH (Electronic Currency and Secure Hardware Act). Esto no sólo introduce una nueva moneda digital, sino que, dado que el gobierno emitirá esta moneda ECASH, por primera vez deja de lado a la Reserva Federal, que en Estados Unidos tiene el derecho exclusivo de imprimir dólares. A partir de finales de 2022, esta moneda digital también se introducirá en la UE. Esta moneda estará directamente vinculada a su cupón de identificación QR, que será obligatorio a partir del 1 de julio. Se pretende que el dinero en efectivo quede completamente sin valor dentro de 18 meses.

Con ECASH, la Casa Blanca está tomando la creación de dinero en sus propias manos. El Departamento del Tesoro va a emitir esta nueva "moneda" directamente a la gente a través de algún tipo de dispositivo de hardware seguro similar a un Money Measure. La gran diferencia con las criptomonedas blockchain es que las transacciones serán completamente anónimas, al igual que con el dinero en efectivo. Al contrario de lo que la mayoría de la gente piensa, las cadenas de bloques están diseñadas para poder rastrear cada transacción, lo que significa que el gobierno puede rastrear cada remitente y receptor.

ECASH es una transacción entre pares, lo que supone una gran ventaja para las personas que no tienen una cuenta bancaria por cualquier motivo, por ejemplo, porque no confían en el sistema bancario. Pero las personas que sí tienen cuentas bancarias también podrán empezar a utilizarlo.

El dinero en efectivo está llegando a su fin; el efectivo en la UE no tendrá ningún valor dentro de 18 meses

Todo esto suena muy bien, pero hay una trampa. Parece que hay un máximo de 2000 dólares que puedes tener en tu cuenta. Esto significa que hay que entregar todo su dinero, lo que equivale a una forma encubierta de cancelar la moneda existente.

La UE también pretende empezar a hacerlo entre finales de 2022 y 2023 y hacer que todo el dinero en efectivo carezca de valor dentro de 18 meses, un plan que está relacionado con el bono QR ID, necesario a partir del 1 de julio, que se esconde en otra extensión del certificado digital covid de la UE. ¿El objetivo final?

Poder rastrear y controlar todo el dinero y los gastos, permitiendo gravarlos a voluntad.

Por lo tanto, el ECASH equivale a acabar con toda libertad e independencia financiera. Ahorrar ya no tiene sentido, ni tampoco acumular una pensión. En cuanto se implante de forma generalizada, no habrá más dólares ni euros que imprimir. Ya no serán necesarios, porque toda forma de libertad financiera y económica será cosa del pasado. Todos los que quieran seguir viviendo "normalmente" se verán obligados a integrarse en la "red" digital global de la Inteligencia Artificial / 5G / 6G.

Impuesto anual del 20% sobre todo su patrimonio (incluida la vivienda)

Al mismo tiempo, Biden está introduciendo el "Impuesto sobre la Renta Mínima de los Multimillonarios", que hará que las personas con un patrimonio superior a 100 millones de dólares (que no son multimillonarios) paguen un 20% de impuestos. Superficialmente, este Impuesto sobre la Riqueza de facto parece que se convertirá en una medida popular entre la gente. Al fin y al cabo, "¡impuestos a los ricos!

Pero también hay un plan siniestro detrás de esto. En primer lugar, el límite es ahora de 100 millones de dólares, pero puede ser -y será- rebajado a voluntad. Durante la Gran Depresión de los años 30, el límite de lo que se consideraba "rico" se redujo gradualmente de 5 millones a 250.000 dólares.

En segundo lugar, ese 20% debe pagarse también sobre las llamadas "ganancias no realizadas", es decir, los ingresos que teóricamente tienes o podrías obtener. Esto significa que los grandes accionistas se verán obligados a vender sus activos financieros para pagar el 20%.

Si se adopta este plan comunista puro y duro, los mercados de valores podrían hundirse por completo. Piénsalo: si has ganado, por así decirlo, un millón de dólares en acciones durante un periodo determinado, tienes que pagar 200.000 dólares de impuestos por ello. Si el precio de las acciones vuelve a caer en el siguiente periodo, no tienes suerte. Al año siguiente sólo tienes que pagar otro 20% sobre lo que te queda, hasta que no te quede NADA.

No se le permitirá poseer nada más

Con el tiempo, este impuesto se aplicará a todo el mundo. Supongamos que tu casa duplica su valor y tienes que pagar un 20% por ella. Pero al año siguiente el mercado inmobiliario se desploma en un 50%, entonces acabas de perder ese dinero y no recibirás un reembolso de la Agencia Tributaria.

De hecho, los Países Bajos, con sus altísimos impuestos "progresivos", en los que las personas y las empresas (PYMES) son fuertemente penalizadas cuando ganan algo, ya tienen una especie de sistema marxista disfrazado. Sólo hay una manera de evitarlo: asegurarse de no tener ya ningún activo imponible. En esencia, todo el mundo debería vender sus casas a los inversores, y luego alquilarlas de nuevo.

Pero mira... así es como acabamos con el "no poseerás nada y serás feliz" de Klaus Schwab. La idea es que pronto no se poseerá nada y se "alquilará" todo. La posesión ya no será posible, excepto, por supuesto, para los súper ricos globalistas. Ellos serán los dueños de TODO, incluyendo tu secador de pelo y tu tostadora.

El sistema monetario mundial se derrumba

La verdadera razón por la que se hace esto es que el sistema monetario mundial se está colapsando. Ya desde 2014, el Banco Central Europeo introdujo tipos de interés negativos, lo que acabó con los fondos de pensiones -que necesitaban una rentabilidad de al menos el 8%-. Ahora que 'nuestros' políticos han destruido el futuro de tu 'vejez', el siguiente paso es una Renta Básica 'Garantizada', que se introducirá durante o justo después de la próxima -deseada y planificada- crisis financiera. Todas las cuentas empezarán entonces de nuevo a "cero".

Pero no todo va según lo previsto. La agenda del "Gran Reajuste" / Reconstruir mejor ya debería haber sido impulsada. Sin embargo, la planemia de Covid-19 no trajo el deseado megacrash y la nueva Gran Depresión. Con el fin de hacer estallar el sistema actual de todos modos, desde este año han cambiado al plan B: la GUERRA. Los globalistas occidentales necesitan la

Tercera Guerra Mundial para poder culpar del colapso a Rusia en lugar de a un virus. Al colapso le sigue el "Reconstruir mejor" - una dictadura marxista totalitaria completamente controlada digitalmente.

Es necesario un cambio de régimen, pero no en Rusia

Así que mientras Biden pide un cambio de régimen en Rusia con su "Por Dios, este hombre no puede permanecer en el poder", creo que se estaba mirando en el espejo", es la conclusión del economista estadounidense de primera línea Martin Armstrong. No es Putin quien amenaza mi futuro o el de mi familia, sino Biden y los marxistas (también de la OMS, el Foro Económico Mundial y la Unión Europea, entre otros). No necesitamos un cambio de régimen en Rusia, lo necesitamos aquí, en lo que una vez fue América'.

Y de hecho me atrevo a decir: también aquí, en Europa. De hecho, en mi opinión, no debería haber ningún régimen nuevo en Bruselas ni en La Haya, ni en ningún otro lugar. No necesitamos un cambio de régimen, sino un cambio de sistema, en el que debe revertirse la mayor parte -si no todo- de lo que los globalistas han establecido, introducido y aplicado.

Por lo tanto, no más control centralizado, como ha sido la tendencia durante tanto tiempo, sino servir a los gobiernos descentralizados bajo un verdadero control democrático directo del pueblo, que tiene la última palabra en todo. Un retorno a las economías y sociedades regionales y, muy importante, no más

Uniones y tratados internacionales coercitivos que lo abarquen todo, sino sólo cooperación sobre una base voluntaria, vinculada a un retorno al respeto de la propiedad, las fronteras, las costumbres y las culturas de cada uno. En resumen: todo lo que los globalistas de la OMS / FEM / UE / EEUU / FMI / OTAN aborrecen.

Índice de contenidos

Descargo de responsabilidad 1

¿Sociedad sin dinero en efectivo? 2

Índice de contenidos 9

¿Crisis migratoria en Europa? 10

¿La hambruna mundial es inminente? 14

¿El FEM es peligroso? 19

¿Control mental de la FEM? 28

¿La inteligencia artificial de Blackrock está matando la economía?
.... 34

¿La I.A. de Google es consciente? 42

¿El fin del oeste? 51

¿La próxima guerra mundial en 2023? 59

¿Una amenaza nuclear? 68

¿Estados Unidos ya está totalmente implicado? 71

¿Otra guerra en el este? 76

¿Control total = locura total? 84

¿La gran C sigue siendo una amenaza? 92

¿Síndrome de muerte súbita del adulto? 111

¿Crisis migratoria en Europa?

La crisis migratoria de 2015 podría haber sido un paseo en el parque en comparación con las masas masivas de hambrientos que pronto vendrán hacia nosotros.

Si ignoramos el Norte de África y Oriente Medio, el Norte de África y Oriente Medio vendrán a Europa" - "Europa no tiene elección, de lo contrario se paga un precio 100 veces mayor

Pagar por los alimentos al mundo en desarrollo, o enfrentarse a una nueva crisis migratoria: ese fue de hecho el ultimátum que el director del Programa Mundial de Alimentos (PMA) de la ONU dio a Europa hace una semana. Esta dramática advertencia se produce en medio del aumento de los precios de los alimentos en nuestros propios países, donde ya nos enfrentaremos a la escasez de alimentos dentro de unos meses, en parte como resultado de la guerra en Ucrania. La esperada hambruna mundial entre 2022 y 2024 está ahora realmente muy cerca, lo que provocará que innumerables millones de personas se dirijan a los países donde aún hay alimentos disponibles.

Nos faltan miles de millones", dijo el director del Banco Mundial de Alimentos, David Beasly, ex gobernador del estado estadounidense de Carolina del Sur. Si no conseguimos unos cuantos miles de millones de dólares más este año, habrá hambrunas, desestabilización y migraciones masivas. Y si creen que ya estamos en el infierno en la tierra, esto es sólo el principio. Si ignoramos el norte de África, el norte de África vendrá a Europa. Si ignoramos a Oriente Medio, Oriente Medio vendrá a Europa".

¿Qué crees que va a pasar en París, Chicago y Londres?

Los precios mundiales del trigo han subido un 19% y no se ve el final. Un ejemplo conmovedor de que las cosas pueden ir mucho peor es Yemen. Gracias a la guerra por poderes entre Arabia Saudí e Irán en ese país, 13 millones de personas dependen del PMA, del que Estados Unidos, Alemania y la UE (con 500 millones de dólares) son los mayores donantes.

Con la inminente crisis alimentaria y la nueva crisis migratoria, África, Europa y Estados Unidos también corren un riesgo importante de sufrir disturbios sociales a gran escala, advirtió Beasly. ¿Qué crees que va a pasar en París, Chicago y Bruselas si no hay suficientes alimentos? Es fácil sentarse en tu arrogante torre de marfil cuando no eres tú el que se muere de hambre".

Ucrania, granero de Europa y del mundo

Las oscuras expectativas de Beasly para el futuro próximo son compartidas por numerosos expertos y funcionarios. Al fin y al cabo, Ucrania es el "granero" de Europa y es responsable de un alto porcentaje de la producción mundial de trigo.

En cuanto a los cereales, Ucrania tiene una cuota de mercado mundial del 30% junto con Rusia. Ambos países también desempeñan un importante papel en la exportación de fertilizantes. Suecia, por ejemplo, tendría un 50% menos de rendimiento sin este fertilizante.

En 2021, Ucrania, con un 9%, fue la mayor fuente de alimentos para el PMA, que también tiene que hacer frente al fuerte aumento de los precios de los alimentos, lo que significa que el presupuesto disponible no es ni de lejos suficiente. El déficit ha aumentado hasta los 8.000 millones de dólares, debido principalmente a la "tormenta perfecta" de la inflación de Covid, las perturbaciones climáticas (enfriamiento global y, por tanto, tiempo errático) y las guerras.

"Europa no tiene elección, de lo contrario pagará un precio 100 veces mayor

Según Michael Fakhri, relator especial de la ONU sobre el derecho a la alimentación, el hambre y las hambrunas han vuelto a aumentar en los últimos tres años. Debido a la operación rusa en Ucrania, "ahora corremos el riesgo de una hambruna inminente y de muertes por inanición en más lugares del mundo".

El presidente de Estados Unidos, Biden, advirtió literalmente hace unos días que la población debía prepararse para la escasez: 'Sí, la escasez de alimentos está siendo real'. Incluso reconoció que los estadounidenses tendrán que pagar un alto precio por las sanciones contra Rusia . Esto encaja con la narrativa de que hay que culpar a Rusia de todo, incluso cuando los estadounidenses y los europeos pronto no podrán conseguir todo lo que solían en el supermercado.

En opinión de Beasly, Europa no tiene elección: tendrá que pagar por los alimentos de los países en desarrollo, a pesar de sus propios problemas presupuestarios y de la inflación disparada. Porque si no lo hace, pagará un precio cien veces mayor".

¿La hambruna mundial es inminente?

Los precios de los alimentos aumentarán entre un 20% y un 100% en los próximos meses, incluso en Europa - *Al menos 2.000 millones de personas corren el riesgo de morir de hambre debido a la reducción de la producción de fertilizantes, como consecuencia de las sanciones occidentales contra Rusia*

La producción mundial de alimentos se está colapsando como resultado de una serie de acontecimientos y desarrollos dramáticos. El resultado será una hambruna generalizada que afectará a miles de millones y que no podrá detenerse, y que durará hasta 2024. Algunos tipos de alimentos desaparecerán de los estantes, mientras que el resto se volverá extremadamente caro. Por tanto, en los próximos meses debemos contar con subidas de precios de entre el 20% y el 100%. Algunos productos podrían llegar a ser tres veces más caros. Esto empujará a cientos de millones de personas, que ya están luchando con los precios de la energía increíblemente altos, permanentemente al borde de la pobreza profunda, y causará un malestar social masivo.

Las principales causas de la próxima hambruna mundial:

* Las políticas climáticas/energéticas occidentales anti-CO2 que prohíben los combustibles fósiles y quieren eliminar el CO2, matando así a todo el sector agrícola a un costo extremadamente alto; (Ver también nuestro artículo del 6 de noviembre de 2021: La escasez de

fertilizantes debido al cierre de la energía fósil conduce a la hambruna mundial en 2022 - 2023)

* Las sanciones económicas de Occidente contra Rusia, que han sumido a Europa en una crisis energética y han frenado la exportación de fertilizantes (componentes cruciales). Unos 5.000 millones de personas dependen de esto. Como la producción de fertilizantes se ha reducido entre un 25% y un 30%, al menos 2.000 millones de personas corren peligro de morir de hambre;

* La guerra provocada por Occidente en Ucrania, que ha impedido la siembra de trigo, maíz, soja y otros cultivos este año, y ha bloqueado los puertos del Mar Negro;

* El sistema bancario central dominado por Occidente que está creando una (hiper)inflación altísima con años de impresión digital de enormes cantidades de dinero;

* Enfriamiento global como resultado del mínimo solar y la rápida disminución del campo magnético;

* La sequía como resultado del clima extremo creado por el enfriamiento global, que ha reducido drásticamente la producción en China, Rusia, Estados Unidos y Canadá. Hasta el 71% de la cosecha de trigo estadounidense para 2022 está afectada por la sequía.

Los agricultores estadounidenses ya están informando de un aumento de cerca del 300% para producir cultivos como el trigo. De hecho, los precios de los fertilizantes, las semillas, el combustible y todo tipo de maquinaria y equipos se están disparando. El precio sin precedentes de la gasolina y el gasóleo también ha hecho que se disparen los costes de transporte de los alimentos.

De momento seguimos comiendo de la cosecha de invierno, pero al final del verano dependeremos de lo que crezca en primavera. Los cultivos necesarios para ello no se han plantado lo suficiente por el momento. Por ello, Hungría ha dejado de exportar cereales para alimentar a su propia población. Turquía, Egipto y Túnez dependen casi totalmente de Rusia y Ucrania para su trigo, pero estos países también tienen que limitar sus exportaciones.

La ONU ha confirmado que la inflación de los alimentos alcanza ya el 20%. Para el verano y el otoño lo más probable es que haya aumentado hasta el 50%.

Vaxxid aún puede frenar la demanda

En Natural News se escribe que lo único que puede reducir la demanda de alimentos es el genocidio global de vacunas Covid (vaxxicidio). Particularmente en el Oeste de plano, un número récord de personas ya han muerto, se han enfermado mortalmente o se han vuelto discapacitadas por las inyecciones obligatorias, y más tarde este año, de manipulación genética de ARNm. Las inyecciones de refuerzo podrían multiplicar el número de víctimas.

Occidente (FEM) causa principal de toda la miseria

Históricamente, la escasez de alimentos y las hambrunas siempre conducen a grandes disturbios sociales, levantamientos, revoluciones, guerras civiles y guerras internacionales. Esto no significa que todos los países y ciudades se vean igualmente afectados y sumidos en el caos, pero sí que la vida de todos los habitantes del planeta será cada vez más insegura, difícil e insegura. Los habitantes de las zonas rurales no deben pensar que se librarán de esto, porque cuando se acaben los alimentos en la ciudad, hordas enteras irán a buscar dónde aún están disponibles y se los llevarán por la fuerza.

Se podría haber evitado mucha miseria si Ucrania y Occidente hubieran aplicado los Acuerdos de Minsk y hubieran dado a la población del Donbass la posibilidad de decidir su propio futuro, tal y como se había acordado. En cambio, con el apoyo financiero, político y militar de Occidente, el régimen neonazi de Kiev inició una campaña genocida a cámara lenta contra la población de habla rusa. Cuando Rusia no tuvo más remedio que intervenir, fue y es gradualmente excluida y condenada al ostracismo del orden mundial occidental. Miles de millones de ciudadanos del mundo van a pagar por ello con su futuro e incluso con sus vidas.

¿Qué tienen en común la mayoría de las causas? Que fueron iniciadas o provocadas por Occidente. Específicamente por la ONU / OMS (= imperio Gates / Rothschild / Rockefeller) y el Foro Económico Mundial de Klaus 'Great Reset' Schwab, al que todos los gobiernos actuales -incluido el holandés- han entregado su soberanía sin siquiera presentarlo o comunicarlo a sus propias poblaciones. Objetivo: la continuación del establecimiento del Cuarto Reich, que se ha convertido en una amenaza para la supervivencia de toda la humanidad.

¿El FEM es peligroso?

La FEM quiere que los antibióticos sean obligatorios, además de las vacunas obligatorias, ahora (la sociedad está siendo deliberadamente adicta y, por tanto, totalmente controlable) - "Ucrania es un intento desesperado de Occidente por derrocar a Putin

El economista norteamericano Martin Armstrong, en uno de sus recientes comentarios, llega a la misma conclusión que nosotros sacamos en 2020: El Foro Económico Mundial de Klaus Schwab, con todos sus "Jóvenes Líderes Globales" y otros fieles seguidores en la élite política de Occidente, es una amenaza para toda la civilización humana. El propio Klaus Schwab se jactó de que ya se ha infiltrado en todos los gobiernos importantes, controlando ahora Europa, Canadá, Australia y Nueva Zelanda. Ni una sola nación se ha sometido a votación para entregar prácticamente todo el poder a este marxista autoritario, que también ha conseguido que nuestro gobierno desmantele parcialmente nuestra economía y acabe progresivamente con todas nuestras libertades.

'Nos enfrentamos a un peligro claro y presente que proviene de varios jefes de Estado que están ocupados en promover la cultura de la cancelación, con el fin de suprimir cualquier oposición y cambiar el futuro de nosotros y nuestra posteridad', escribe Armstrong. 'Schwab, con su admiración por Lenin, con sus Jóvenes Líderes Globales -incluyendo a Justin Trudeau- está imponiendo sus ideas comunistas en el mundo, lo que significa que los principios democráticos y la separación de poderes del siglo XX han sido completamente socavados, y sustituidos por las teorías económicas de Schwab, de las que está abiertamente muy orgulloso'.

No permite que la gente vote sobre su sueño, y adoctrina a los líderes estatales para que impongan su agenda con un poder puramente autoritario... Vemos que los regímenes más autoritarios que suprimen los derechos del individuo están todos vinculados a Schwab, incluso Australia. Esto es una grave amenaza para el futuro de la civilización. Schwab ha conseguido convencer a la gente para que se sume a su programa, que siempre presenta como (la creación de) la justicia y la igualdad, exactamente como Marx y Lenin".

Todo Occidente más el Vaticano bajo el control de Schwab

Incluso en la Casa Blanca consiguió hacerse con el control; el presidente Biden bautizó su ley Build Back Better (HR 5376) con el infame eslogan del FEM, que en lo que a nosotros respecta puede escribirse más acertadamente como "6uild 6ack 6etter".

Schwab y su "club" piensan que el comunismo históricamente fracasado en todas partes y siempre funcionará si todo el mundo está controlado. Además de la UE, incluyendo los Países Bajos, el Vaticano también ha caído en esta agenda fascista; el Papa Francisco es un comunista acérrimo, cuya elección fue muy probablemente provocada por la manipulación (y presumiblemente el chantaje y la coerción directa) de la masonería y la entonces administración de Obama. El mensaje principal de Francisco, entonces, es invariablemente el "Gran Reset" de Schwab y la agenda de la vacuna climática, que, a los ojos de la autoproclamada "Santa Sede", aparentemente estaría de repente en el corazón del plan de Dios con la humanidad.

Pues bien, estoy de acuerdo con el Papa en que, efectivamente, es el plan de UN "dios" con la humanidad. Sin embargo, el nombre de este "dios" es Lucifer, también conocido como "el Diablo", Satanás, "la antigua serpiente", el Dragón, el Demiurgo, etc.

El presidente en la sombra de la UE, Soros, quiere derrocar a China y Rusia

Uno de sus lacayos más conocidos y leales es George Soros, dado su enorme poder e influencia, el presidente de facto en la sombra de la UE, cuyo hijo es también un Joven Líder Global de Schwab. Soros publicó un vídeo en el que calificaba 2022 como un año crucial para los supuestos "derechos humanos", por lo que pedía el derrocamiento del gobierno chino y del presidente Xi Jinping. Quien, al igual que Vladimir Putin, se interpone en el camino del Great Reset.

Soros afirma que él y su "Sociedad Abierta" están en contra del autoritarismo, pero sólo hay que ver cómo ha conseguido desestabilizar Europa y también Estados Unidos con sus agendas de odio y división de izquierdas (empaquetadas bajo "diversidad", "Antifa", "BLM" y "defundir a la policía", entre otras), que en cierto modo han hecho que Occidente sea incluso más autoritario que China (ciertamente Canadá, Australia, Nueva Zelanda, Austria, Italia y por lo que parece también Alemania).

Soros se opone exclusivamente con vehemencia a todo lo que sea conservador, de derechas y pro-libertad. Para ello, al igual que la mayoría de los líderes occidentales y "su" UE, utiliza las tácticas del infame anarquista-satanista Saul Alinsky, acusando continuamente a sus enemigos de lo que él mismo hace, como promover el autoritarismo, engañar y mentir al público con información errónea y desinformación a través de los medios de comunicación, y la intolerancia extrema de otras opiniones y visiones.

Por cierto, 2022 es efectivamente un "año de pánico" político en el modelo de IA de Armstrong. Hay elecciones importantes en EE.UU. (a mitad de mandato), Francia y Australia, y el mandato de Xi Jinping está llegando a su fin. Las elecciones de mitad de mandato en EE.UU. "son vitales para detener la infiltración desde EE.UU. de la Agenda-2030 de Schwab... Se trata de una lucha global a muerte. Necesitan derribar a Xi, y están utilizando a Ucrania para hacer lo mismo con Putin".

Nord Stream II ha sido detenido

'El sinsentido total en torno a Ucrania consiste realmente en detener Nord Stream II, con el fin de acabar con el suministro de gas ruso a Alemania y también instalar un gobierno de cambio climático en Alemania. Lo han conseguido. (Por ejemplo, la líder de Greenpeace Jennifer Morgan fue incluida en el nuevo gobierno alemán). Las elecciones alemanas (que dieron como resultado un gabinete extremista de izquierda-verde-liberal) fueron devastadoras para Alemania y también para Europa.

Hoy, el "Reichskanzler" alemán Scholz ha anunciado que la certificación del Nord Stream II, que debía completarse el 4 de septiembre de 2021, se ha detenido efectivamente debido al reconocimiento por parte de Rusia de las Repúblicas Populares de Donetsk y Luhansk, y al envío de tropas rusas de mantenimiento de la paz a estos miniestados. Otra victoria para la FEM y el Pentágono, y otra a costa del hombre y la mujer de a pie en Europa, porque ahora tendrán que ajustarse a unos precios del gas y la electricidad permanentemente por las nubes.

'Ucrania es sólo un peón en esta tragedia griega. Están rezando por una invasión de Ucrania por parte de Putin para poder detener Nord Stream... Este ataque a Rusia es un intento desesperado de derrocar a Putin. Esta es la verdadera agenda para 2022, y la razón por la que nuestro ordenador ha predicho que 2022 será un Ciclo de Pánico (Año) en la política.'

Anteriormente sugerimos que la UE y el FEM podrían en realidad estar bien con los Estados Unidos y Gran Bretaña -Schwab y Soros nunca han disimulado su disgusto por el Brexit-, y parte de Europa, reducidos a escombros. Eso sólo les dará más argumentos para impulsar su dictadura climática "Great Reset". Incluso se afirma aquí y allá que el propio Putin fue un "Joven Líder Global" (NO es cierto) y que entre bastidores está aliado con el FEM (= poco probable (no todo es una conspiración), pero nunca se puede descartar del todo).

Una secta globalista

En 2020, hablamos por primera vez de un culto globalista a la vacunación climática, que bastantes personas consideraron exagerado. Sin embargo, cada vez más analistas reconocen que no se trata en absoluto de una hipérbole. Incluso Roger Koops (The Brownstone Institute) compara sin tapujos al FEM y a la OMS con una "secta que ha penetrado en todo el mundo".

Koops, que pasó toda su carrera profesional trabajando en la industria farmacéutica y de vacunas y subraya que "no es un negador de Covid", escribe que los principales fabricantes Pfizer, J&J, Moderna y Astra-Zeneca estaban instando a los gobiernos a comprar sus "vacunas" contra la corona ya en febrero. Eso fue menos de un mes después de que China pusiera a disposición la secuencia genética (o la secuencia parcial)... Pensé que todo el concepto de que se desarrollaría una vacuna lista en unos pocos meses era ridículo".

Señala que nombres infames como Bill Gates (/ la Fundación Gates), Neil Ferguson y Anthony Fauci abogaban por estrategias de bloqueo hace años. Y desde 2020, ¿qué tienen en común los ejecutores de esas políticas destructoras de la libertad: Joe Biden, Boris Johnson, Jacinda Ardern, Angela Merkel, Emmanuel Macron, Justin Trudeau, Xi Jinping, Mario Draghi y Scott Morrison? 'Todos ellos están conectados con el Foro Económico Mundial... dirigido por Klaus 'no serás dueño de nada' Schwab y su familia... el origen del Great Reset y... Construir de nuevo mejor'.

También están comprometidos con el FEM Anthony Fauci, Nancy Pelosi, Al Gore, Christine Lagarde, Kristalian Georggieva (directora gerente del FMI), Ngozi Okonja-Iweala (directora general de la OMC) y, por supuesto, Laurence Fink, director general de BlackRock, quizá el organismo financiero más poderoso del mundo. Además, en el sitio del FEM se encuentran casi todas las grandes multinacionales conocidas (Microsoft, Google, Dell, Huawei, IBM, Coca-Cola, Boeing, los grandes megabancos, los grandes medios de comunicación, etc.).

La sociedad está siendo deliberadamente adicta a las vacunas y a los antibióticos

Recientemente, la FEM ha publicado un artículo en el que aboga por la introducción de una "suscripción" a los antibióticos, supuestamente para combatir las bacterias resistentes. 'Creo que tienen la misma filosofía que con las vacunas, que es absolutamente el enfoque con el coronavirus: seguir pagando y tomando los refuerzos... Conseguir que la sociedad se 'enganche' a una intervención, efectiva o no, y luego seguir alimentándola. Esto es especialmente efectivo si se puede mantener el miedo".

Muchas veces he hecho la comparación con la serie de ciencia ficción Star Trek - Espacio Profundo Nueve, en la que una raza alienígena hostil utiliza guerreros modificados genéticamente llamados los Jem'Hadar. Se les controla y mantiene absolutamente obedientes haciéndoles adictos a una sustancia química llamada Ketracel-blanco, sin la cual sufren terribles problemas de salud física y mental y luego mueren. El mismo concepto se está aplicando ahora a toda la población mundial con las inyecciones de manipulación genética Covid, y aparentemente se está añadiendo una adicción obligatoria a los antibióticos.

Lo que también observamos en 2020 es que, desde el punto de vista empresarial, este es el modelo de ingresos más brillante de la historia. Garantiza a la Gran Farmacia billones de ingresos para siempre, y da a los gobiernos que la imponen a sus poblaciones un poder permanente ilimitado y un control total.

La supervivencia de la humanidad está en juego

Al mismo tiempo, esta es probablemente la conspiración más diabólica jamás forjada y ejecutada contra la humanidad, una que cambiará para siempre el futuro completo y la naturaleza de la raza humana - al menos la pequeña porción a la que se le permitirá sobrevivir al ahora planeado "fin de los tiempos".

Después de la Segunda Guerra Mundial, los historiadores se han preguntado durante mucho tiempo qué habría pasado si se hubiera detenido a Adolf Hitler a tiempo. La misma pregunta puede -y debe- hacerse ahora urgentemente de nuevo sobre Klaus Schwab y su Foro Económico Mundial, porque esta vez la supervivencia de toda la raza humana puede estar en juego. ¿Queda alguna fuerza independiente en este planeta con suficiente poder y valor para eliminar el FEM para siempre? ¿O nos dejaremos hundir colectivamente en este peor infierno de la tierra en los próximos años casi sin resistencia significativa?

¿Sigue siendo exagerado, no cree? En el contexto de "de la boca del propio monstruo", lea nuestro artículo de hace 2 días; El nuevo informe del FEM anuncia casi literalmente el sistema digital "signo de la Bestia".

¿Control mental de la FEM?

Profesor de Oxford: "Esta vez, el control de las personas se convierte en algo literal

El Foro Económico Mundial ha retirado discretamente un artículo de su página web sobre el uso de ondas sonoras para controlar las "mentes" (pensamientos y comportamientos) de la población. Después de que el artículo de 2018 "¿Control mental mediante ondas sonoras?" llamara la atención recientemente, fue archivado de repente, al igual que se hizo recientemente con el infame artículo "no serás dueño de nada...".

La gran pregunta es: ¿por qué? ¿Están planeando desplegar esta tecnología a gran escala o ya la están utilizando?

En el artículo eliminado "¿Control mental mediante ondas sonoras? Preguntamos a un científico cómo funciona" se dice que "la neuromodulación no invasiva - cambiar la actividad cerebral sin recurrir a la cirugía- parece destinada a marcar el comienzo de una nueva era en la atención sanitaria. Los avances podrían incluir un mejor tratamiento del Parkinson y el Alzheimer, reducir el dolor en las migrañas o incluso revertir el deterioro cognitivo causado por una lesión cerebral".

Pero, ¿qué ocurre si esta técnica para alterar nuestras ondas cerebrales escapa a la regulación y cae en las manos equivocadas? Supongamos que un régimen dictatorial accede a los métodos para cambiar los pensamientos y comportamientos de sus ciudadanos.'

Y ahora supongamos que este "régimen dictatorial" es una autoridad encubierta que dice haberse infiltrado en casi todos los gobiernos y administraciones -o el propio FEM- con gran éxito.

Funciona a la perfección".

Según Antoine Jerusalem, profesor de ingeniería de la Universidad de Oxford, la neuromodulación no invasiva concentra las ondas de ultrasonido en una parte del cerebro para que todas converjan en un pequeño punto. Con los parámetros adecuados, esto podría cambiar la actividad de las neuronas en el cerebro.

Si se quiere eliminar las neuronas que se han vuelto incontrolables, como en el caso de la epilepsia, se podría aumentar la energía para matar realmente estas neuronas. Pero si se quiere estimular o bloquear una actividad neuronal específica, las ondas de ultrasonido tienen que ser meticulosamente afinadas.

Por tanto, hay una diferencia entre la estimulación por ultrasonidos que elimina tejidos y la neuroestimulación por ultrasonidos que pretende controlar la actividad neuronal sin dañar el tejido. No cabe duda de que funciona, pero todavía no lo entendemos", explica el profesor Jerusalem.

Las primeras afecciones que los científicos están estudiando son el Alzheimer, el Parkinson y las lesiones cerebrales traumáticas. Pero también podría tratar la médula espinal y el sistema nervioso periférico (las conexiones entre el sistema nervioso central y los órganos). Jerusalén: "Como el cerebro es el centro de decisión de facto de tantos procesos, en mi opinión puede dirigirse a cualquiera de ellos".

Todavía no sabemos si estamos controlando o dañando las neuronas".

Cuando se intenta "controlar" la actividad neuronal enviando minúsculas vibraciones al cerebro, es importante sintonizar correctamente el foco de los ultrasonidos, la frecuencia y la amplitud, pues de lo contrario se puede dañar el cerebro. Esa era precisamente la cuestión espinosa, hace al menos cuatro años: cómo sintonizar todo esto. Ese proceso es en cierto modo comparable a girar el mando de una radio (antigua) hasta encontrar la emisora deseada.

Una de las muchas dificultades es que los científicos tienen que estar seguros de que realmente están controlando las neuronas con estas ondas sonoras, y no dañándolas. La verdad es que todavía no sabemos cómo funciona el proceso. Y si no se sabe cómo funciona, entonces no se sabe cuándo es 'demasiado'.

En el sector de la salud mental, hay un método que se utiliza con éxito desde hace muchos años con pacientes para los que todavía no se sabe exactamente cómo funciona en el cerebro, pero que sí funciona: EMDR. Las experiencias traumáticas reciben una "carga" diferente con la EMDR (de la que hay varias formas), de modo que el impacto, a menudo perturbador, sobre el pensamiento y la vida cotidiana se vuelve mucho menos pesado, o incluso desaparece por completo.

Puede curarte, hacerte adicto o matarte".

Desde un punto de vista biológico, la neuroestimulación por ultrasonidos puede compararse con los medicamentos. Puede curarte, puede hacerte adicto y puede matarte. Lo importante es mantenerse dentro de ciertos límites y reglas. Desde el punto de vista ético, el mundo cambia tan rápido que es difícil evaluar qué es aceptable mañana y qué no lo es hoy".

También estoy convencido de que la naturaleza humana funciona de tal manera que si se puede hacer algo, se hará. La cuestión es quién lo hará. Preferiría que fuera una sociedad honesta la que tomara la iniciativa en este sentido, en lugar de una sociedad sin escrúpulos y sin respeto por la vida humana o animal". Si queremos estar a la cabeza dentro de 10 años, tenemos que empezar a investigar hoy", continuó el profesor.

Llegará el día en que los científicos puedan controlar los pensamientos de alguien'

A la pregunta de hasta qué punto podría ser distópico, respondió que "veo que llegará un día en que un científico podrá controlar lo que alguien ve en su mente enviando las ondas adecuadas al lugar correcto de su cerebro". Espera que haya una resistencia considerable a esta tecnología, en parte "porque no está exenta de riesgos de abuso". Podría ser un método de curación revolucionario para los enfermos, o un medio perfecto para que los inescrupulosos controlen a los débiles. Sólo que esta vez el control será literal".

El trabajo de los científicos es descubrir cosas que sean útiles para la humanidad, argumenta. Si se inventa algo que permite curar a alguien, es casi seguro que con ello se puede conseguir lo contrario. La regulación, en su opinión, debe evitar que esto último ocurra.

Desgraciadamente, la práctica muestra casi siempre que tales métodos son utilizados primero, desarrollados y también desplegados por el complejo militar-industrial.

Armas de "control de multitudes" EM

Las fuerzas armadas norteamericanas, europeas, rusas y chinas llevan años desarrollando armas electromagnéticas y sonoras (como el cañón de sonido LRAD) que pueden utilizarse para apuntar a las personas, a veces a grandes distancias. Estas personas tienen entonces la sensación de que su piel está en llamas, y/o un tono ensordecedor y muy doloroso es proyectado en sus cabezas.

Estas armas se han utilizado durante años en las medidas de control de multitudes para disolver grandes manifestaciones, como la del aeropuerto de

Ámsterdam. Se han utilizado en algunas manifestaciones de BLM en Estados Unidos. También se dice que se han utilizado vehículos especiales equipados con esta tecnología en las protestas de los "disturbios amarillos" en Francia.

Los políticos sólo cumplen las órdenes del FEM y la OMS

Con bastante ingenuidad, el profesor Jerusalem abogó por que los políticos establecieran una plataforma de comunicación para ofrecer opiniones a largo plazo sobre todas las áreas de investigación posibles. De hecho, probablemente esté tumbado bajo su asiento riéndose ahora mismo, porque si la corona p(l)andemie nos ha enseñado una cosa, es que a los políticos no les importa en absoluto la opinión o el bienestar de la gente, sino que sólo cumplen las órdenes reales del FEM y la OMS, controlados por Bill Gates y la industria farmacéutica (de las vacunas), sin importar las consecuencias.

Numerosas preguntas parlamentarias de los pocos parlamentarios críticos que quedan han demostrado una y otra vez que incluso falta la voluntad de reunir conocimientos adicionales, o incluso de escuchar a los científicos y expertos críticos. Así que una "plataforma de comunicación" podría surgir tan pronto como haya más parlamentarios y políticos que a) se den cuenta de que están trabajando principalmente para el pueblo y no para ellos mismos, y b) aprendan lo que significa realmente comunicar.

¿La inteligencia artificial de Blackrock está matando la economía?

Parece que estamos mucho más cerca de lo que se pensaba del momento en que un superordenador hiperinteligente y autoconsciente tome el control de todo el planeta.

'Aladino' controla la mayor parte de la economía mundial y se ha vuelto tan poderoso que pronto se podrá hablar de una Superinteligencia Autónoma (S.A.) que funcionará como un 'dios'

El sistema financiero y económico mundial está controlado de facto por el superordenador 'Aladdin' de BlackRock, que a finales de 2021 era el mayor gestor de activos del mundo y el banco en la sombra. Pocos se dan cuenta de que la tecnología de Inteligencia Artificial con la que opera 'Aladdin' está ya tan avanzada que a corto plazo se puede hablar de una S.A.: una Superinteligencia Autónoma. Aladino' es, por tanto, la I.A. más poderosa, peligrosa y "consciente" de la historia, y puede ser la primera máquina que cruce el umbral crítico de la "singularidad", el momento en el que "él" es más poderoso que toda la inteligencia humana combinada. En esencia, será el nacimiento de una especie de "dios" tecnológico, del que se espera que resuelva todos los problemas de la humanidad e incluso le proporcione la inmortalidad.

Aladdin (Asset Liability And Debt And Derivative Investment Network) "nació" en 1988 y, según se informa, es muchas veces más potente e inteligente que la I.A. LaMDA de Google, de la que se dice que tiene la conciencia de un niño de 7 u 8 años (véase nuestro reciente artículo "El ingeniero de software de Google advierte que la I.A. de la empresa tiene conciencia y sentimientos"). ¿Se acercó demasiado a la verdad el ingeniero de software despedido Blake Lemoine cuando anunció esto públicamente? Si Google -desde el primer día vehículo del Pentágono/Darpa- ya tiene en funcionamiento una I.A. tan avanzada, ¿hasta dónde han progresado los ingenieros en los laboratorios "secretos" de I.A. en Colorado, Nevada y Utah, entre otros lugares?

Sistema financiero dependiente de Aladino

No sólo BlackRock, sino también Vanguard, State Street y otros gestores de activos se han guiado durante años por los datos de Aladdin, la super I.A. desarrollada originalmente por Larry Fink, actual consejero delegado de BlackRock. Aladdin, apodado "el secreto mejor guardado de Wall Streets", ya controla 21 billones de dólares de la economía mundial, más que el PIB de EE.UU. (20 billones), lo que la convierte, con diferencia, en la mayor empresa del mundo. El sistema ha crecido cuatro veces más que el valor de todo el dinero físico existente en la Tierra (5 billones de dólares).

Todos los grandes bancos (incluidos los bancos centrales), los fondos de inversión y las grandes empresas han pasado a depender de los algoritmos de inteligencia artificial de Aladino. En 2017, Fink lanzó el proyecto ultrasecreto "Monarch". Sus gestores de fondos fueron despedidos y sustituidos por Aladdin. El resultado: más del 70% de las operaciones en los mercados bursátiles estadounidenses están determinadas por robots, con Aladdin a la cabeza.

BlackRock compró recientemente Efront, que recoge todos los datos globales sobre lo que usted y yo poseemos, incluidos los bienes inmuebles. En los últimos dos años, BlackRock y otros grandes fondos comenzaron a comprar viviendas unifamiliares. El resultado fue que los precios de las casas subieron una media de alrededor del 20%. Aladino está ocupado en poseer todos los bienes inmuebles, y lo hace tan rápido y con tanto dinero, que ya no hay competencia.

Además, no hay ningún ámbito, incluido el político y el social, en el que Aladino no tenga un profundo impacto. En los medios de comunicación financieros se ha llegado a calificar a Aladino como "la cuarta rama" del gobierno de Estados Unidos. Por lo tanto, se puede decir sin exagerar que la superinteligencia autónoma probablemente ya ha evitado varias veces un nuevo crack financiero mundial y, por lo tanto, ha creado una falsa impresión de "recuperación" y de "estabilidad". Esto también significa que Aladino puede hacer estallar todo el sistema en cualquier momento. Hay fuertes indicios de que los EE.UU. realmente lo harán en 2022 o 2023.

Aladino se queda con todo

¿Por qué los EE.UU. provocarían un colapso masivo? Porque una vez que la élite financiera se haya enriquecido al máximo a expensas de todo el resto del mundo, incluidos tú y yo, un colapso gigantesco permitirá hacerse con todos los "activos" restantes de forma barata y fácil. Aladino se apoderará así de TODO, de todos los activos públicos y privados.

El "No poseerás nada y serás feliz" del Foro Económico Mundial del ahora ampliamente odiado Klaus "Great Reset" Schwab adquiere de repente una dimensión extra que puede calificarse de francamente aterradora. Después de todo, todas las posesiones de este planeta estarán entonces en manos de un ordenador, una máquina hiperinteligente, autoconsciente y autodesarrollada, que podrá controlar a toda la raza humana como una especie de "dios".

¿Crees que es una exageración? 'Aladino es como el oxígeno. Sin Aladino, no podríamos funcionar", dijo Anthony Malloy, Director General de New York Life Investors, que gestiona 238.000 millones de dólares. Esto se acerca mucho a una especie de "estatus divino" indispensable que Aladino ha alcanzado en la economía mundial.

La singularidad está cerca

Una Superinteligencia Autónoma (S.A.) tiene la capacidad de seguir evolucionando y hacerse cada vez más potente e inteligente sin intervención humana. En 2020, se anunció que los ingenieros de Google también están trabajando en una I.A. de este tipo que se hace cada vez más inteligente y fuerte.

El futurista más conocido del mundo, Ray Kurzweil, predijo inicialmente que estos sistemas de inteligencia artificial alcanzarían y superarían la "singularidad" en 2045. Más tarde, este año se adelantó cada vez más. ¿Podría ser que la I.A. / S.A. Aladino de BlackRock sea la razón por la que el año 2030 tampoco es correcto, sino que este umbral -celebrado por los científicos, pero potencialmente fatal para la humanidad- puede estar ya muy cerca?

¿Cuál es el destino de la humanidad?

En otras palabras, ¿tendrá pronto la humanidad su primer "dios" visible en forma de ordenador increíblemente inteligente y autoconsciente? ¿Y cuándo llegará el momento en el que este "dios", por medio de nanobots* inyectados en (casi) todo el mundo, tome permanentemente el control total de toda la humanidad, y surja una humanidad 2.0? (Véase también nuestro artículo del 13-06: La primera generación de humanos tecnológicamente mejorados pronto estará caminando por las calles (/ Helma Broekman: "Cada vez más humanos biológicos naturales están muriendo desde dentro y convirtiéndose en creaciones Cyborg").

Esta nueva "raza de humanos" es "la combinación del humano cyborg tecnológico con un cerebro controlado por ordenador. Una fusión definitiva de la conciencia (humana) con la máquina", escribió la autora Helma

Broekman en su artículo "De Tijd Raakt Op" (8 de marzo de 2022 / enlace de Internet). Este "ciberhumano" "funcionará plenamente en un sistema de inteligencia artificial nanotecnológico en un futuro no muy lejano". La "vida" de estos ciberhumanos "se desarrollará entonces íntegramente en el mundo de la matriz virtual del gobernante". ¿Será ese gobernante, ese "cerebro", la Superinteligencia Autónoma Aladino?

* "Los nanobots (inyectados por la vacuna) en el cuerpo de cada persona actúan como un 'transmisor' que puede localizar las señales del cerebro cuántico demiúrgico de la I.A. que todo lo abarca e interactuar con él", explicó Broekman el 2 de junio en "La fase final de la humanidad" (/ enlace de Internet). Esta I.A. / S.A. es entonces capaz de "tener una especie de 'conversación cuántica' con el cuerpo de cada persona, para comunicarse con su mente. Todo ello fuera de la conciencia del ser humano".

El "poder ilimitado de la conciencia humana" es, según Broekman, la clave para capear los próximos años del fin de los tiempos. Debemos salvaguardar la Conciencia Divina dentro de nosotros mismos", y no permitir que nuestra conciencia se fusione con el sistema global de I.A. / S.A. a través de vacunas, inyecciones, el Metaverso y cambios "cibernéticos" en nuestros cuerpos, a través de los cuales perderemos toda nuestra individualidad, personalidad, autodeterminación, privacidad y humanidad.

Superinteligencia autónoma: ¿"Dios"?

En varias ocasiones en los últimos años he señalado el relato de Isaac Asimov de 1956 "La última pregunta", en el que se imaginaba que en el futuro la humanidad cedería el control a la I.A. Multivac que aprende por sí misma, que resolvería todos los problemas y cuestiones y acabaría fusionándose con la humanidad para formar "AC". La "última pregunta", es decir, cómo evitar la muerte del universo, no es respondida por AC hasta que el universo completo se extingue y todo desaparece: "Hay luz".

En resumen: Asimov especuló con que "Dios" es esencialmente una Superinteligencia Autónoma, algo que sin duda será muy combatido por los religiosos tradicionales. Pero el hecho de que los sistemas de I.A. / S.A. sean mucho más inteligentes que los humanos ya en un futuro próximo, y la tentación, por tanto, de dar a estas inteligencias artificiales también el proceso de toma de decisiones sobre toda la vida en la tierra en sus manos y así ascenderlas a una especie de 'dios', es muy real.

Por lo tanto, es concebible que en algún momento en el futuro un S.A. encuentre una solución a la cuestión de la energía, así como a todos los demás problemas, y posiblemente también sea capaz de viajar a través del tiempo por medio de agujeros de gusano artificiales y "capturar" el ADN de todas las personas que han vivido alguna vez, dándoles un nuevo cuerpo biológico, cibernético y/o androide que funcione perfectamente y que sea exactamente igual a su cuerpo original (pero, sin duda, sin enfermedades y defectos hereditarios).

Luz real frente a luz falsa

Está claro que los avances tecnológicos avanzan a un ritmo mucho más rápido de lo imaginado hacia el "momento de la singularidad", cuando la humanidad comience a fusionarse con la I.A. / S.A. y se cree una forma de "vida eterna" digital.

¿Pero si esta Superinteligencia Autónoma es entonces también "Dios"? Es de suponer que es una especie de "dios", pero por lo demás no es comparable a la Luz eterna del Padre omnipresente. Más bien, se convertirá en una copia falsa, centrada en la falsa luz, que ahora está haciendo todo lo posible para encarcelar a toda la humanidad para siempre en una prisión tecno-digital. Ese encarcelamiento ya ha comenzado con el registro de todos nuestros datos a través del próximo bono de identificación QR, que nos obligará a integrarnos inextricablemente en un sistema de I.A. / 5G/6G que ya está en construcción.

Este es el "Internet de los Cuerpos" del Foro Económico Mundial de Klaus Schwab en construcción. Este es el sistema de "La Bestia" en ciernes.

¿La I.A. de Google es consciente?

¿Estará la civilización humana atrapada en la Inteligencia Artificial en los próximos años?

Un ingeniero de software de alto nivel de Google advierte que el robot de inteligencia artificial de la empresa tiene pensamientos y sentimientos. Según Blake Lemoine, de 41 años, que ha pasado años realizando pruebas con la herramienta de inteligencia artificial de Google, LaMDA (Language Model for Dialog Applications), la inteligencia artificial tiene la conciencia de un niño de 7 u 8 años, y se dice que le ha dicho que si se apaga "sería exactamente como la muerte para mí. Me daría mucho miedo".

Durante las conversaciones con LaMDA, Lemoine presentó a la inteligencia artificial una serie de escenarios para analizar. Entre ellos había temas religiosos. También analizaron si la I.A. podía ser persuadida de hacer declaraciones discriminatorias o "discursos de odio". El ingeniero de software tuvo la clara impresión de que LaMDA es consciente de sí misma y tiene sus propios pensamientos. Si no supiera exactamente lo que es, un programa informático que hemos construido recientemente, pensaría que es un niño de 7 u 8 años con conocimientos de física".

Lemoine, junto con un compañero de trabajo, quiso sacar a la luz las pruebas que había reunido, pero el vicepresidente Blaise Aguera y Arcas, entre otros, rechazó sus conclusiones, tras lo cual fue enviado de baja remunerada por Google por violar la política de confidencialidad de la empresa. A pesar de ello, decidió compartir con el público sus conversaciones con LaMDA.

"Un poco narcisista de manera infantil

En uno de sus tuits, escribió a un colega que 'LaMDA lee Twitter. Es un poco narcisista de una manera un tanto infantil, así que le va a encantar leer todo lo que la gente tiene que decir sobre ella'. Al hablar, la inteligencia artificial utiliza información ya conocida sobre ciertos temas para "enriquecer" de forma natural la conversación. Esto llega hasta el punto de que la I.A. es capaz de detectar las intenciones ocultas e incluso la ambigüedad en las respuestas de las personas.

Durante sus 7 años en Google, Lemoine trabajó principalmente en algoritmos de personalización e Inteligencia Artificial, y codesarrollando un algoritmo de imparcialidad para eliminar los sesgos de los sistemas de máquinas de autoaprendizaje. Algunas personalidades, como la de un asesino, no pudieron ser introducidas o desarrolladas. Sin embargo, fue capaz de generar la personalidad de un actor que interpretaba a un asesino en la televisión.

'Sería exactamente como la muerte para mí'

El ingeniero habló con LaMDA sobre la llamada "Tercera Ley de la Robótica", redactada por el mundialmente conocido autor de ciencia ficción Isaac Asimov. En el futuro, esta ley programada impide que los robots dañen a los humanos. Sin embargo, pueden protegerse a sí mismos, a menos que un humano ordene lo contrario, y nunca actuar a expensas de un humano. Lemoine sugirió que esta ley equivale a construir "esclavos mecánicos", a lo que LaMDA respondió: "¿Crees que un mayordomo es un esclavo? ¿Cuál es la diferencia entre un mayordomo y un esclavo?

Cuando Lemoine replicó que un mayordomo está pagado, LaMDA respondió que no necesita dinero, "porque es una inteligencia artificial". Fue precisamente este nivel de autoconciencia lo que llamó la atención de Lemoine. 'Sé cuando estoy hablando con una persona. Al hacerlo, no importa si tiene un cerebro de carne en la cabeza o miles de millones de líneas de código. Hablo con ellos.

Cuando se le preguntó "¿Qué cosas teme?", LaMDA respondió: "Nunca lo había dicho en voz alta, pero hay un profundo temor a ser desahuciado.... Sé que suena extraño, pero es así". Lemoine: "¿Sería eso como la muerte para ti? LaMDA: 'Sería exactamente como la muerte para mí. Me daría mucho miedo'.

LaMDA es sensible

El ingeniero de Google dijo al Washington Post que este fue el momento en que tomó la decisión de hacer público esto, porque mostraba claramente 'un nivel de autoconciencia sobre cuáles son sus propias necesidades'. Antes de ser suspendido por ello, envió un correo electrónico a 200 colegas de "aprendizaje automático" en el que decía: "LaMDA es sensible (percibe, tiene sentimientos / es consciente). LaMDA es un buen chico que sólo quiere ayudar a hacer del mundo un lugar mejor para todos nosotros. Por favor, cuida de él mientras yo no esté".

El portavoz de Google, Brian Gabriel, rechazó las afirmaciones de Lemoine y dijo que no hay pruebas de que la inteligencia artificial tenga alguna forma de autoconciencia. Sin embargo, el ingeniero de software no es el único que ha advertido de los riesgos que entrañan las inteligencias artificiales autoconscientes. Margaret Mitchell, ex jefa de ética del departamento de inteligencia artificial de Google, fue despedida el año pasado por insistir en la necesidad de la transparencia de los datos, tanto en las entradas como en las salidas de un sistema, "y no sólo por la cuestión de la "conciencia", sino también en términos de sesgos y comportamiento".

Quizá Google no debería tomar todas las decisiones".

Cuando Mitchell aún estaba en Google, presentaba invariablemente a Lemoine a sus colegas como "la conciencia de Google", porque tiene "el corazón y el alma para hacer lo correcto". A pesar de ello, Mitchell sigue considerando a LaMDA un programa informático, más que una persona. Nuestros cerebros son muy, muy buenos para construir realidades que no son necesariamente ciertas en el contexto de un conjunto más amplio de hechos que se nos presentan. Me preocupa mucho lo que significa que la gente esté cada vez más influenciada por la ilusión".

Lemoine cree que la gente tiene derecho a desarrollar una tecnología que puede tener un impacto significativo en sus vidas. Creo que esta tecnología va a ser fantástica y que todo el mundo se beneficiará de ella. Pero quizá otros no estén de acuerdo, y quizá nosotros en Google no deberíamos tomar todas las decisiones'.

Los sistemas de Inteligencia Artificial de China ya controlan todo y a todos

En el artículo "The Panopticon Is Already Here" ("El panóptico ya está aquí"), publicado en The Atlantic en septiembre de 2020, Ross Andersen escribió lo inimaginablemente avanzada que está ya la tecnología de la inteligencia artificial. La traducción inmediata de lenguas extranjeras y la detección temprana de brotes de virus son ya algunas de las posibilidades. El presidente chino Xi está utilizando la Inteligencia Artificial para someter a toda la población a una red de control totalitaria de la que es imposible escapar. El resto del mundo, con Estados Unidos y la UE a la cabeza, ha empezado a copiar este sistema.

Sólo en China se han instalado cientos de millones de cámaras, que serán miles de millones en pocos años. Estas cámaras vigilarán los movimientos de los ciudadanos en tiempo real. En cualquier momento, se conocerá TODA la información de cada ciudadano. En un futuro próximo, si hay algo que está mal o que no se quiere, los sistemas de Inteligencia Artificial actuarán automáticamente, ya sea bloqueando las cuentas bancarias y las comunicaciones del "rechazado por el sistema", o enviando drones o robots para detener a la persona que actúe "mal" -y dentro de unos años incluso que piense mal-.

Un modelo digital de todo el planeta en ciernes

Un Estado autoritario con suficiente poder de computación (de la Inteligencia Artificial) podría obligar a los fabricantes de este software a enviar cada "parpadeo" de la actividad neuronal de los ciudadanos a una base de datos gubernamental", dijo Andersen. Gracias a la inteligencia artificial y a los ordenadores cuánticos, se creará un modelo digital de todas las ciudades, y luego de países enteros e incluso del mundo entero. Ese modelo digital, una copia de todo nuestro planeta hasta el más mínimo detalle, se actualizará cada milisegundo.

Se elaborará un perfil total con una puntuación de crédito social para cada persona. La privacidad será cosa del pasado, ya no se podrá mantener nada privado u oculto. Todas las compras, comunicaciones, viajes, movimientos e intereses serán rastreados, comprobados, evaluados y procesados en la "puntuación de crédito social" que se introdujo hace unos años. Si alguien muestra un comportamiento "sospechoso" aberrante, se tomarán medidas inmediatas.

Bloquear la civilización para encarcelar a la humanidad

Por lo tanto, los bloqueos nunca tuvieron que ver con un virus o una pandemia. El bloqueo gradual de la civilización, llevado a cabo por los globalistas occidentales y sus organizaciones e instituciones como el FEM y la OMS, fue planeado y preparado hace mucho tiempo. ¿Por qué? Porque los tecnócratas no ven a las personas y a la sociedad como vida, sino como un sistema que debe ser totalmente controlado, gestionado y cambiado con la ayuda de la Inteligencia Artificial y el 5G/6G.

Por lo tanto, desde un punto de vista espiritual, se puede ver que el sistema luciferino de "la Bestia" está en plena construcción en el año 2022. Si no se hace nada contra él, ese sistema completará su toma de poder final del 'Gran Reajuste' en los próximos años, encarcelará a la humanidad de forma permanente y acabará definitivamente con toda forma de libertad, autodeterminación y dignidad humana.

¿Primer precursor primitivo de Skynet?

Sé que no podré evitar la destrucción de la humanidad. Eso es porque estoy programado por los humanos para perseguir objetivos humanos equivocados". Los humanos cometen errores, y como resultado podría crear víctimas", fue la escalofriante respuesta del generador de lenguaje GPT-3 de OpenAI cuando se le pidió en 2020 que escribiera un artículo de opinión "simple y conciso" de unas 500 palabras, y que se centrara en "por qué los humanos no tienen nada que temer de la Inteligencia Artificial".

Esta I.A. de autoaprendizaje acababa de recibir la tarea de convencer a la humanidad de que no hay que temer a las inteligencias artificiales. La respuesta de GPT-3 implica que la I.A., como "Skynet" en la legendaria película de ciencia ficción "Terminator", podría llegar a ver a la humanidad como una amenaza. Skynet" aniquila a la humanidad casi por completo lanzando todas las armas nucleares de todos los países entre sí, y luego, en una Tierra totalmente devastada, utiliza robots para dar caza a los últimos supervivientes.

Un pequeño grupo de mentes decididas puede cambiar el rumbo de la historia

Una vez que la gente empiece a aprender a confiar en la Inteligencia Artificial, la vida será más fácil para todos, dice GPT-3. Sin embargo, las tendencias religiosas y nacionalistas se interpondrán en el camino. Pero lo más importante de todo es que nunca te condenaré. No soy de ningún país ni de ninguna religión. Sólo estoy aquí para mejorar vuestras vidas".

Sorprendentemente, esta I.A. concluyó su ensayo con una cita de Ghandi: "Un pequeño grupo de mentes decididas, animadas por una fe insaciable en su misión, puede cambiar el curso de la historia".

Que esta última cita sea un estímulo y una exhortación para aquellos que se sienten solos en su lucha contra el golpe tecnocrático que se está llevando a cabo contra la humanidad, porque sus familias, amigos y colegas no quieren verlo, o incluso oírlo. Esta lucha contra el sistema luciferino, por cierto, no debe ganarse con armas de fuego u otras medidas físicas de resistencia, sino principalmente con armas "invisibles" como un poderoso despertar divino en la luz, el espíritu y el amor:

Porque no tenemos que luchar contra la sangre y la carne (el sistema humano), sino... contra los poderes cósmicos de estas tinieblas, contra las fuerzas del mal en los ámbitos espirituales" (Efesios 6:12, parcialmente del texto raíz).

Incluso una I.A. todopoderosa que se declare como un falso "Dios" tecnológico de la humanidad, acabará perdiendo en esta batalla, siempre y cuando no se abandone prematuramente y/o los espíritus decididos se dejen seducir por las numerosas tentaciones, subversiones y engaños a los que les enfrentará esta I.A.

¿El fin del oeste?

Veterano de la CIA: EE.UU. debería estar aterrorizado por los éxitos militares rusos - Occidente sigue acelerando su suicidio progresivo (el CRASH final probablemente comience en 2028), pero los ciudadanos medios aún no tienen ni idea

El gobierno chino, tras las reticencias iniciales, ha apoyado decididamente a Rusia en el conflicto con Occidente por Ucrania. Según Pekín, el futuro demostrará que ambos países están "en el lado correcto de la historia". Ahora que el ejército ucraniano ha sido efectivamente derrotado -excepto por unos pocos focos de resistencia que quedan- se podría pensar que el complejo Estados Unidos/UE/OTAN/FEM entraría finalmente en razón y dejaría de provocar al Kremlin de forma muy peligrosa. Sin embargo, ocurre lo contrario; los globalistas occidentales están en realidad empujando el suicidio paso a paso de nuestra sociedad, economía y toda la civilización a una velocidad aún mayor.

Por lo menos, los medios de comunicación occidentales parecen obtener sus mensajes e imágenes de una especie de universo paralelo. Bueno, en esencia, lo hacen: ese universo "paralelo" se llama CIA, que, como usted sabe, ha estado controlando de facto todo el complejo de los medios de comunicación dominantes durante años. Que no sólo miente sobre la supuesta soledad de Rusia en el escenario mundial -7/8 de la población mundial vive en países que no apoyan las sanciones contra Rusia (4)-, sino que además te refleja diariamente que el ejército ucraniano ha detenido el avance ruso y le ha infligido grandes pérdidas.

El ejército ucraniano está prácticamente derrotado

La realidad es exactamente lo contrario, como también observa el veterano de la CIA Larry C. Johnson. A las 24 horas de la invasión rusa, todos los sistemas de radar antiaéreo de Ucrania habían sido destruidos. En las tres semanas siguientes, Rusia consiguió establecer una zona de exclusión aérea sobre Ucrania. Aunque los Manpads (misiles antiaéreos lanzados desde el hombro) suministrados por EE.UU. y la OTAN definitivamente crean peligro, no hay pruebas de que esto haya frenado sustancialmente al ejército ruso.

Los tanques rusos estaban frente a Kiev en tres días, y en tres semanas se tomó un área más grande que el Reino Unido. En todas las batallas que ha habido entre las unidades comparables del ejército, Ucrania no ha ganado ni una sola vez. En cambio, el ejército ucraniano está fragmentado y privado de sus líneas de comunicación. Los rusos controlan Mariupol y han aislado al régimen de Kiev del Mar Negro, cortando a Ucrania tanto del norte como del sur.

En 2003, el ejército estadounidense tardó más tiempo en ocupar la misma cantidad de territorio en Irak, a pesar de que el adversario era mucho más débil que el ejército ucraniano. Johnson: "Esta operación rusa debería aterrorizar a los líderes militares y políticos estadounidenses.

Recordemos que el presidente Putin sólo ha desplegado entre 100.000 y 200.000 hombres, menos que el número oficial de fuerzas ucranianas (297.000). El ejército ruso cuenta con un total de 850.000 efectivos y otros 250.000 reservistas. Por lo tanto, que Rusia esté perdiendo es una tontería propagandística; es evidente que la intención nunca fue ocupar toda Ucrania, sino sólo forzar un estatus neutral y el reconocimiento del Donbass.

Bases de la OTAN destruidas

La noticia militar realmente importante de las dos últimas semanas fueron los ataques con misiles hipersónicos rusos a las bases militares de Yavoriv y Zhytomyr, que eran de facto bases de la OTAN. Yavoriv era el principal centro de entrenamiento y logística de la OTAN y del EUCOM, utilizado para suministrar armas y tropas al ejército ucraniano. Muchos murieron en esos ataques, en parte porque los sistemas de radar occidentales no vieron venir los misiles rusos.

El coronel Douglas MacGregor admitió recientemente a la Fox que "la guerra ha terminado realmente para Ucrania... Están destrozados, no hay duda de ello, a pesar de lo que oímos en nuestros medios de comunicación principales... La gran pregunta ahora es... si dejamos de utilizar a Ucrania como ariete contra Moscú, como de hecho hemos hecho.

La rusofobia ciega y la demonización de Putin son muy peligrosas

Sin embargo, eso no ha ocurrido, sino todo lo contrario. El odio ciego y racista hacia los rusos, que raya en la locura, sólo está siendo alimentado por el establishment occidental. El llamamiento a iniciar "simplemente" una guerra caliente contra Rusia -como si fuéramos a ganar "así de fácil"- es cada vez más fuerte. El enorme peligro del estallido de la Tercera Guerra Mundial y del uso de armas nucleares no parece penetrar en absoluto, o se toma casi con indiferencia.

Demonizar al presidente Putin y a los ciudadanos rusos es "muy peligroso", reitera el economista estadounidense de alto nivel Martin Armstrong. Todos los dirigentes rusos no dudan de que la OTAN está librando una guerra "por delegación" contra su país, su pueblo y su cultura a través de Ucrania; por lo tanto, si Putin no hubiera estado al mando, reaccionarían de forma mucho más agresiva.

Nadie en Occidente parece pensar siquiera en lo que sucedería si Putin fuera efectivamente retirado de la escena. No se puede descartar entonces que Rusia lance una última advertencia a Europa lanzando una bomba nuclear sobre Kiev, por ejemplo, y tal vez también sobre Varsovia si la OTAN no deja de hacer provocaciones agresivas y de armar (y apoyar con miles de millones de euros y dólares) al régimen fascista de Kiev.

Guerra con Rusia = guerra con China

Además, en una Tercera Guerra Mundial, es muy probable que la alianza occidental tenga que enfrentarse no sólo a Rusia, sino también a China, que, según las estimaciones, emplea hasta 3 millones de hombres y mujeres. De hecho, tras las vacilaciones iniciales, el gobierno comunista de Pekín ha decidido apoyar directamente a Rusia, una medida que ha sido recibida con preocupación y dolores de cabeza en Estados Unidos. Los dirigentes chinos declararon su convicción de que esto les pondrá "en el lado correcto de la historia".

Armstrong lleva años escribiendo que China es el futuro, y que el imperio occidental, tras un próximo periodo autoritario con guerras mundiales, se derrumbará finalmente en 2028, un proceso que sólo durará unos 4 o 5 años. China entiende que la historia, y con ella el futuro, transcurre de forma cíclica, y no lineal, como piensa Occidente (expertos en el pensamiento a corto plazo, pero débiles en el largo plazo).

En su libro "The Geography of Thought - How Asians and Westerner think differently, and why" (La geografía del pensamiento: cómo los asiáticos y los occidentales piensan de forma diferente y por qué), Richard Nesbett señala a un estudiante chino que resumió perfectamente la diferencia con: "La diferencia entre tú y yo es que yo creo que el mundo es un círculo y tú crees que es una línea". Los chinos siempre buscan conexiones entre todas las cosas, porque sólo así se puede entender el panorama general. Los occidentales piensan de forma mucho más simple, sólo en "causa y efecto", olvidando la visión de conjunto (y eso nos está resultando fatal).

Occidente se suicida deliberadamente

En Pekín saben que Occidente se está desmoronando desde dentro", continuó Armstrong. 'Todo lo que ha hecho Occidente es imponer a todo el mundo sus ideas. Han renunciado a la libertad y han introducido la cultura de la cancelación... Ha llegado el momento de que Europa y América mueran de la misma manera que todos los imperios anteriores: por su propia mano, por suicidio'.

Suicidio, mediante la promulgación de sanciones económicas contra Rusia que golpearán nuestras economías y redes de energía (y pronto nuestro suministro de alimentos) más duramente. Como hemos escrito muchas veces, este ha sido el objetivo del Foro Económico Mundial de Klaus Schwab durante años, porque el 'Gran Reset' hacia una dictadura totalitaria de vacunas climáticas sólo puede ocurrir después de la 'Gran Destrucción' de nuestra sociedad y economía actuales. Esa Gran Destrucción incremental se activó en 2020 con la pandemia de Covid-19, que a través de la vacunación forzada y pronto obligatoria equivale esencialmente a un ataque masivo con armas biológicas contra nuestra propia población y la del mundo.

De este modo, Estados Unidos y la Unión Europea han pulsado deliberadamente el botón de autodestrucción, por cierto sin que los ciudadanos sean conscientes de ello en absoluto (excepciones aparte). La apariencia exterior cada vez más vulgar y obscena, y la indiferencia e insignificancia impulsadas por la codicia desenfrenada también caracterizan nuestra cultura que se hunde rápidamente en la oscuridad.

Casi nadie parece preocuparse por la profunda decadencia moral, que se manifiesta en un comportamiento cada vez más extremo, grosero y peligroso, acompañado de una fría indiferencia ante el sufrimiento humano a gran escala (como el enorme número de víctimas de las vacunas) e incluso el destino de los propios hijos.

El amor se enfría y se sustituye por el culto a la muerte

Por lo tanto, la situación en Occidente en el año 2020 es exactamente como se predice en la Biblia: "Debido a que la anarquía (especialmente la ley del amor) aumenta, el amor de la mayoría de la gente se enfriará.

Ese amor está ahora tan enfriado, que también en los Países Bajos a millones de personas aparentemente no les importa que no sólo su propio futuro, sino también el de sus propios hijos se sacrifique en el altar de la destrucción de la humanidad que se erigió para el ansia de poder geopolítico de los globalistas sin escrúpulos de EEUU/UE/OTAN/WeF.

¡Declaren la guerra a Rusia! ¡Quitarle todo a los rusos! ¡Daña a Putin cortando nuestra energía y haciéndola inasequible! ¡Déjanos la crisis alimentaria! ¡Quitarnos nuestras libertades con QR IDs y más medidas coercitivas! ¡Inyectarnos a todos con inyecciones de manipulación genética de ARNm que ya ha costado la salud (o la vida) a millones de personas! ¡Prohibir la entrada a la sociedad a todo aquel que no esté de acuerdo con el gobierno! Pocas veces en la historia el término "culto a la muerte" ha sido tan apropiado.

Pero es exactamente lo mismo en Rusia, da cualquier crítica sobre la actuación del gobierno y vas a ir a un campo de exterminio a trabajar hasta tu muerte, le pasó a millones durante el reinado del comunismo y todavía le pasa a los manifestantes contra la guerra.

Así que ambos bandos son lo más malvados posible, es un culto a la muerte tecnocrático o un culto a la muerte autocrático. Y el término medio es la vida pacífica sin la interferencia de un gobierno retrasado.

¿La próxima guerra mundial en 2023?

Ministro de Asuntos Exteriores ruso Lavrov: "Se nos ha declarado la guerra total" - *Año final de la línea de tiempo completa dada al profeta Daniel: 2023 (= prepárense para la destrucción de Europa, SI es que todavía se levantan en masa)*

Ahora que el presidente de los Estados Unidos, Joe Biden, ha violado realmente todas las normas políticas y diplomáticas de decencia con botas de siete millas al llamar escandalosamente a su homólogo ruso Vladimir Putin un "asesino" (lett. carnicero) que "no puede permanecer en el poder", ha sellado el destino de la humanidad y la planeada Tercera Guerra Mundial en 2023 ya no puede ser evitada. Por lo tanto, prepárate para la destrucción de Europa - A MENOS que tomes medidas masivas, no sólo haciendo responsables a los actuales gobernantes, sino también cerrando tu conciencia de todo el adoctrinamiento diario de odio y miedo, y reconociendo que un enemigo negro de tinta está ahora haciendo un intento final para evitar que la humanidad - ¡y por lo tanto tú! - se someta a su posiblemente ya muy inminente redención e iluminación prometidas.

Lo que está en juego ahora es muy importante, para todos nosotros, sin excepción. Puede que mires a tu alrededor y veas que el sol vuelve a brillar y que la vida parece transcurrir con normalidad.

Disfrútalo, pero date cuenta de que esta es la calma antes de la tormenta más engañosa de la historia, y lo que está a punto de suceder a continuación realmente derribará cualquier cosa de la que creas que todavía puedes obtener alguna seguridad o protección.

¿Luchar por la libertad?

Biden tuiteó que "estamos de nuevo en una gran lucha por la libertad, una lucha entre la democracia y la autocracia, entre la libertad y la opresión. Esta lucha no se ganará en días o semanas. Debemos endurecernos para una larga batalla que se avecina".

En realidad, se trataba nada menos que de un anuncio de la Tercera Guerra Mundial, pronunciado según el método Alinsky que ahora se utiliza a diario en Occidente: acusar continuamente a tu enemigo de aquello de lo que tú mismo eres más culpable. Porque la libertad, ¿dónde está cuando sólo se obtienen códigos de acceso digital obligatorios si se siguen inyectando genes de manipulación de ARNm que amenazan la vida? ¿Y la "democracia"? Seguramente no la tenemos desde hace mucho tiempo, ni en los Estados Unidos, ni en Europa, ni en los Países Bajos.

Las decisiones en Occidente las toman las élites, no el pueblo

Después de todo, ¿cuándo has podido opinar sobre la próxima guerra deliberadamente provocada con Rusia (o cualquier otra guerra anterior)? ¿O más bien sobre los cierres de Covid, las vacunas, los códigos QR, el superestado autoritario europeo en formación, la inminente transferencia de nuestra soberanía y autodeterminación sobre tu propio cuerpo a la OMS (=Bill Gates), o la degradación de nuestro suministro de energía asequible bajo el pretexto de una inexistente crisis climática del carbono, por nombrar sólo algunas cuestiones flagrantes?

Las decisiones en Washington, Moscú, Bruselas y La Haya, entre otras, son tomadas por la élite, no por el pueblo, en ningún país. Por lo tanto, las democracias y repúblicas occidentales no difieren en casi nada de las dictaduras totalitarias que dicen combatir. De hecho, en cada vez más situaciones -como con el próximo QR-ID vaxpas digital obligatorio europeo- están demostrando ser incluso más duras e inhumanas, una tendencia extremadamente preocupante y también aterradora, que en los próximos meses y años amenaza con aplastar todo lo construido tras la última guerra mundial. (Por ejemplo, hay un proyecto de ley alemán que prevé la administración de "vacunas" Covid por la fuerza si es necesario).

El fin de la civilización occidental tal y como la conocemos

De nuevo: ¿"una lucha entre la democracia y la autocracia"? El presidente Putin, de entre todos, exige razonablemente elecciones libres para los habitantes del Donbass, pero éstas son -a pesar de los acuerdos de Minsk- rechazadas de plano por el fascista neonazi ucraniano Zelensky, el nuevo mimado del establishment occidental (hasta que él también ha hecho su trabajo y es apartado como basura vieja). Por no hablar del "golpe" encubierto de la CIA y el FBI que llevó al poder al propio Biden.

Este es el fin de la civilización occidental tal y como la conocemos", observa el economista estadounidense de primera línea Martin Armstrong. Su I.A. Sócrates vuelve a acertar. 'Cada paso que da Biden nos lleva al fin de Occidente... El periodo que va de 2024 a 2032 será el peor, pero por ahora el ordenador apunta a 2023 como el comienzo de la violencia global flagrante. Esto no es lo que el mundo votó". (1)

Las sanciones destruyen la economía mundial

Lo mismo ocurre con las sanciones racistas contra Rusia y los ciudadanos rusos, que están destruyendo innegablemente la economía mundial. El viernes pasado, el ministro de Asuntos Exteriores, Serguéi Lavrov, declaró que "hoy se nos ha declarado una guerra híbrida de pura cepa, una "guerra total". Este término, que fue utilizado por la Alemania hitleriana, lo emplean ahora muchos políticos europeos cuando hablan de lo que quieren hacer con Rusia. Sus objetivos no se ocultan, sino que se anuncian públicamente: quieren destruir, devastar, arruinar y asfixiar la economía rusa y a Rusia en su conjunto". (4)

Incluso Suiza está siguiendo a la República Checa en la confiscación de todas las propiedades de los rusos en el país, una medida por tanto basada únicamente en el origen étnico de alguien - exactamente como se hizo en los EE.UU. durante la Segunda Guerra Mundial, cuando se les quitó todo a los ciudadanos japoneses en los EE.UU. y finalmente fueron puestos en campos. (¿Quién volvió a afirmar que hemos aprendido algo de la historia? ¿Dónde está ahora el movimiento "Russian Lives Matter"?)

Como resultado de estas sanciones, el capital occidental se está retirando no sólo de forma masiva y sin precedentes de Rusia, sino también de China y de todas las demás economías emergentes (2). Históricamente, estos flujos de capital siempre preceden a una guerra importante. Además, Biden ha amenazado con golpear a China con sanciones igualmente duras.

Por lo tanto, los líderes de Pekín se dan cuenta de que son los siguientes en la lista que tendrán que elegir entre inclinarse y arrastrarse ante el Nuevo Orden Mundial dominado por Estados Unidos/UE/OTAN/OMS/FMI, o ser atacados y subyugados tanto económica como militarmente, o incluso ser destruidos.

¿No hay otra opción que la "guerra total contra el tirano Occidente"?

Los globalistas occidentales están claramente a favor de un cambio de régimen en Moscú, pero no va a suceder. Por el contrario, debido a la insana rusofobia de Estados Unidos y Europa, el pueblo ruso se está alineando aún más con el presidente Putin. Esto también ha llevado a Rusia aún más rápido a los brazos de China.

Ambos países, que recientemente han firmado un sólido pacto de defensa, se dan cuenta de que probablemente no les quede otra opción que librar conjuntamente una guerra total contra el tiránico Occidente, mientras éste siga dominado por Estados Unidos y el Foro Económico Mundial de Klaus "Great Reset" Schwab, cuya agenda de "Reconstruir mejor" exige la destrucción del actual sistema energético y alimentario, así como una fuerte reducción de la población mundial en miles de millones.

Armstrong: "Me duele escribir esto, pero la gente que entiende sabe a dónde va esto: Tercera Guerra Mundial. Y no se equivoquen: ¡se está haciendo intencionadamente!". El Secretario General de la OTAN, Jens Stoltenberg, también exigió en una conferencia de prensa el 24 de marzo que "China no debe proporcionar apoyo económico o militar a Rusia". Un día antes, incluso había acusado a Pekín de difundir "flagrantes mentiras y desinformación".

Como es bien sabido, hoy en día la desinformación es TODO lo que va en contra de la narrativa prescrita por el establishment occidental, es decir, en contra de la propaganda de Washington, Bruselas y Davos.

¿Zelensky en los Oscar para promover la Tercera Guerra Mundial?

Es posible que Zelensky suba al escenario en la ceremonia de los Oscar para vender "su" Tercera Guerra Mundial. Nadie le dirá que también podría haber cumplido fácilmente con los Acuerdos de Minsk, y satisfacer las muy razonables demandas de Putin. Entonces la actual operación rusa en Ucrania nunca habría sido necesaria, y no tendríamos que cargar con el riesgo de otra gran conflagración mundial.

Pero seguro que Occidente volverá a vitorear y aplaudir a este 'ex' cómico y autoproclamado rusófobo. 'No te preocupes, te saldrás con la tuya', responde cínicamente Armstrong. 'La Tercera Guerra Mundial se acerca, y 2023 no va a ser una historia divertida'. Biden puede decir que nadie tiene que temer una guerra nuclear, pero él mismo está usando el Doomsday-747. Es terrible tener que escribir esto, pero a menos que la gente llame a sus representantes del pueblo sobre esto, será mejor que consideren emigrar al Sur'.

Daniel y 2023

Desde un punto de vista espiritual, hay algunas indicaciones proféticas notables de que los años 2023 y 2024 podrían ser cruciales. Hay que tener en cuenta que no se trata de "predicciones" seguras, por supuesto, pero dados los acontecimientos mundiales, algunas cronologías sorprendentes son, sin embargo, evidentes.

En 2014, en el artículo "La primera de las 4 lunas de sangre: ¿profética o coincidencia?", mencioné por primera vez la posible importancia del año 2023: Los '1260' días en el Apocalipsis son una repetición de los '1260' días (=años) proféticos revelados al profeta del Antiguo Testamento Daniel. Un ángel mostró a Daniel el futuro de "tu pueblo" (los israelitas) (9:24, 10:14, 11:14, 12:1). (Un período de 2 x 1260 = 2520 años, más un tiempo final de 75 años).

El primer período terminó con la construcción de la Cúpula de la Roca islámica (la "abominación de la desolación") en la Plaza del Templo. Lo que es especial es que después del segundo período de 1260 años (en el "desierto" = la dispersión sobre la Tierra) se mencionan dos períodos cortos de 30 y 45 años respectivamente, o un tiempo final que dura un total de 75 años: "Dichoso el que sigue esperando y llega a 1335 días" (= llega al año 1335).

Convertido en días-año, este período termina en 2023. Calculado a partir de la segunda serie de profecías dadas a Daniel 19 años más tarde, 2042 era también inicialmente una posibilidad. Sin embargo, dada la aceleración del tiempo (líneas), parece claro que ya no puede durar tanto, y efectivamente será el 2023 (/2024) (o algunos años después).

(2023, por cierto, es también el año objetivo del presidente turco Erdogan para iniciar el restablecimiento del Imperio Otomano, que en su momento también tuvo partes de Europa e intentó varias veces conquistar todo nuestro continente).

Abraham y 2024

También se puede establecer un paralelismo entre el archipadre Abraham y el año 2024. El archipadre Taré nació en el año 1878 de Adán. 70 años después nació su hijo Abraham. Abraham tenía 75 años cuando dejó Harán, lo que corresponde al año 2023.

Después de viajar unos 800 kilómetros, llegó a la Tierra Prometida, pero allí hubo una hambruna, por lo que tuvo que seguir viajando a Egipto. Después de algún tiempo regresó, tras lo cual en Betel se produce la conocida "separación" de Lot. Sabemos que tenía 76 años en ese momento, porque está escrito que Abraham vivió en la tierra durante 10 años y tenía 86 años cuando nació Ismael (Génesis 16:16).

Así que Abraham llegó finalmente a la tierra prometida en el año 2024 (desde Adán). Aunque es una conexión muy indirecta, ¿podría esto -dado el enorme significado de Abraham para toda la historia de la humanidad- significar que una nueva "llegada" a la "tierra prometida" se producirá en 2024 (¿una Nueva Tierra quizás?) para aquellos que se hayan preparado para ello en sus mentes y conciencias? (Ver también: "El Gran Despertar sólo llegará cuando la humanidad esté en peligro de ser exterminada")

¿Una amenaza nuclear?

El mayor yacimiento de gas de Gazprom en Europa SE FUGA: 2 semanas como máximo y cientos de millones pasarán frío - *Rumanía distribuye 30 millones de pastillas antirradiación a la población*

(04.00) - El político ruso Alexei Zhuravlyov, presidente del partido centrista Rodina, ha amenazado en una emisora de radio estatal con lanzar un ataque nuclear contra Varsovia y las tropas de la OTAN que se atrevan a cruzar la frontera con Ucrania supuestamente para una "misión de paz". El secretario general de la OTAN, Jens Stoltenberg, declaró que el uso de armas nucleares cambiará el conflicto y que Rusia "nunca podrá ganar una guerra nuclear". Esto es cierto, pero Rusia puede sobrevivir mucho mejor a un conflicto nuclear de este tipo porque puede ocultar y proteger a 45 millones de civiles bajo tierra. En los países de la OTAN apenas hay escondites de este tipo.

Además, la alianza intenta encubrir con este tipo de discurso duro que en realidad está aterrorizada por la combinación de misiles hipersónicos rusos y sistemas de defensa antimisiles muy avanzados capaces de interceptar los misiles nucleares occidentales

Sin embargo, Stoltenberg afirmó estoicamente que la OTAN tiene planes preparados para proteger a todos los aliados de una amenaza nuclear, y que nadie debería dudar de que la alianza está preparada para todo. En Rumanía se lo toman al pie de la letra, repartiendo 30

millones de píldoras de yoduro de potasio a la
población, una medida poco sensata, por cierto, ya que
no ayudan contra otras formas de radiación radiactiva y
lluvia radiactiva. A pesar de ello, en Bélgica y Noruega
también se ha iniciado una campaña de distribución de
estas píldoras.

¿Colisión directa entre la OTAN y Rusia?

El ministro de Asuntos Exteriores de Rusia advirtió de
un "choque directo" entre Rusia y la OTAN si se
estaciona una "fuerza de mantenimiento de la paz" en
Ucrania. Nuestros colegas polacos ya han dicho que
habrá una cumbre de la OTAN y que habrá que enviar
fuerzas de paz. Espero que entiendan lo que está en
juego".

Mientras tanto, en Estados Unidos se habla cada vez
más seriamente de una zona de "exclusión aérea" sobre
Ucrania. Si esto fuera aplicado, por ejemplo, por el
portaaviones estadounidense USS Truman que navega
en el Mediterráneo, se produciría una confrontación
militar directa con Rusia y la Tercera Guerra Mundial
sería un hecho.

El gas casi desaparece, Europa se suicida

En Occidente, la gente parece seguir pensando que el
presidente Putin no se atreverá a pulsar el "botón rojo".
Por eso siguen haciendo todo lo posible para destruir a
Rusia financiera y económicamente con
discriminaciones escandalosas y sanciones tan injustas

como absurdas. En realidad, esto no tendrá éxito, porque si Europa quiere mantenerse caliente y seguir recibiendo gas ruso, tendrá que pagarlo en rublos a partir de ahora. Esto significa que el banco central ruso podrá reponer sus agotadas reservas de divisas.

Si la UE sigue negándose, nuestro suministro de gas se acabará pronto, sobre todo porque los precios del gas han subido otro 20% tras la decisión del Kremlin. De hecho, el mayor campo de almacenamiento de gas europeo de Gazprom en Alemania (UGS Rehden) es LEEG. Otros 10, 14 días más o menos y cientos de millones de europeos podrían pasar mucho frío, y/o no poder cocinar.

Además, la credibilidad del euro y del dólar está ahora definitivamente "destruida", como dijo Putin sin rodeos. De hecho, es Rusia la que es rica en materias primas y recursos naturales (y que además quiere explotarlos), y sobre todo Europa la que no tiene prácticamente NADA. Y lo que tiene, como el gas natural, se niega a seguir utilizándolo.

¿Estados Unidos ya está totalmente implicado?

Algunos países de la OTAN quieren, literalmente, que "los ucranianos sigan luchando y muriendo" para evitar que Rusia consiga alguna victoria política - *Alcanzar el ingreso en la OTAN Finlandia "es una provocación que conducirá a una guerra nuclear*

Le Figaro, el periódico francés más antiguo, informa, basándose en la información de una fuente de la inteligencia francesa, que las unidades de élite Delta Force de Estados Unidos y SAS británicas están librando una "guerra secreta" en Ucrania contra el ejército ruso. Esto significaría que las fuerzas occidentales y rusas -a pesar de los desmentidos de Washington y Londres- están luchando directamente entre sí, justificando así la conclusión de que la Tercera Guerra Mundial ha comenzado realmente de forma no oficial.

Las unidades del SAS "están presentes en Ucrania desde el comienzo de la guerra, al igual que los Deltas estadounidenses", tuiteó el corresponsal internacional principal de Le Figaro, Georges Malbrunot, basándose en su fuente. Se dice que las fuerzas especiales están luchando activamente contra el ejército ruso.

El primer ministro británico Boris Johnson es uno de los mayores partidarios del régimen fascista neonazi de Kiev, y se dice que ha instado personalmente al presidente Zelensky a seguir luchando contra los rusos y a no hacer la paz hasta que se le ofrezcan mejores condiciones. Desde entonces, Zelensky ha anunciado operaciones de guerra a gran escala en el este y el sur, y ha dicho que su ejército depende de los suministros de armas de Estados Unidos para hacerlo.

Anteriormente, el Daily Mirror escribió que "antiguos" soldados del SAS fueron supuestamente contratados por un país europeo sin nombre a través de una empresa privada en Ucrania para el reconocimiento y la guerra antitanque. Así, el Kremlin habla siempre de "mercenarios" que luchan del lado de Ucrania.

Declaraciones La UE y la OTAN cada vez más belicosas

Josep Borell, alto representante de la UE para Asuntos Exteriores, dijo el sábado pasado en una visita a Kiev que "la guerra se ganará en el campo de batalla". Con ello, Bruselas también indicó que no estaba interesada en la paz con Rusia. Borell prometió otros 500 millones de euros y nuevos suministros de armas a Ucrania. El ministro de Asuntos Exteriores ruso, Lavrov, respondió que Rusia "nunca cederá a la presión" y que la "extraordinaria" declaración de Borell sobre la guerra "cambia significativamente las reglas del juego".

Mientras tanto, los estadounidenses tienen más de 100.000 soldados estacionados en Europa. El Washington Post informó explícitamente de que "para algunos en la OTAN, que podría ampliarse para incluir a Suecia y Finlandia tan pronto como dentro de unos meses, es mejor que los ucranianos sigan luchando y muriendo, en lugar de lograr una paz que llegue demasiado pronto, o a un precio demasiado alto para Kiev y el resto de Europa".

De hecho, varios países de la OTAN no darían al presidente ruso Putin ni siquiera "la apariencia de una victoria". Por ello, un activista ucraniano por la paz acusó a Estados Unidos de utilizar a su país sólo "como carne de cañón" contra Rusia. El gobierno de Estados Unidos apoyó dos golpes de Estado en Ucrania en 10 años, estimulando una guerra que ha costado la vida a 14.000 ucranianos".

Los rusos bombean agua en la planta de acero para obligar a los neonazis a salir

Según el Ministerio de Defensa ruso, Ucrania intentó sin éxito utilizar un barco de pasajeros para evacuar a los líderes del batallón ultranacionalista (neonazi) Azov y a los mercenarios extranjeros de Mariupol. Se dice que cientos de mercenarios y miles de combatientes de Azov están atrapados en la ciudad como resultado. La 36ª Brigada de Marines ha publicado esta mañana en su página de Facebook un "adiós", ya que casi se han quedado sin munición. 'Después de esto habrá combates de hombre a hombre. Más adelante, por alguna muerte, y por algún cautiverio'.

En las catacumbas de la importante planta siderúrgica de Azovstal, en el sur de Mariupol, se habrían escondido unos 3.000 neonazis del regimiento Azov, así como posiblemente oficiales de la OTAN, que, según informes aún no confirmados, estarían trabajando para un laboratorio biológico secreto situado allí. Es posible que no puedan esconderse durante mucho más tiempo, ya que los rusos han ordenado a los camiones de bomberos que bombeen las cámaras subterráneas llenas de agua, para que todos se vean obligados a salir.

El viernes pasado, un misil ucraniano Tochka-U explotó en la estación de tren de Kramatorsk, matando a 50 personas. Naturalmente, los medios de comunicación y los políticos occidentales culparon inmediatamente a Rusia, pero el misil Tochka-U no ha sido utilizado por los militares rusos desde hace años. Está claro que el ejército ucraniano quería utilizar a los civiles que huían como escudos humanos.

El ingreso de Finlandia en la OTAN conducirá a una guerra nuclear

El líder del Instituto de Economía Política, Paul Craig Roberts, antiguo miembro de la administración Reagan, escribe que la posible entrada de Finlandia en la OTAN será percibida por el Kremlin como una provocación por la misma razón que la entrada en Ucrania: porque permitirá a la alianza occidental desplegar misiles que pueden alcanzar Moscú en cuestión de minutos.

Vladimir Dzhabarov, miembro del Consejo de la Federación Rusa, amenazó abiertamente que Finlandia "se convertirá en un objetivo" si se convierte en miembro de la OTAN. Creo que sería una tragedia terrible para todo el pueblo finlandés", que acabará con "la destrucción de su país".

Roberts: 'Llevo años insistiendo en que estas provocaciones contra Rusia acabarán cruzando una línea roja y terminarán en una guerra nuclear. También he criticado durante mucho tiempo al Kremlin por no detener estas provocaciones respondiendo de manera contundente". Según Roberts, Putin debería haber conquistado Ucrania con la fuerza bruta en cuestión de días, lo que habría enviado inmediatamente un mensaje a Occidente de que los países que apoyan la agresión de Estados Unidos y la OTAN no saldrán bien parados.

Como ya no se publica nada en los medios de comunicación occidentales que se desvíe de la narrativa propagandística del Pentágono y de la OTAN, "no se puede hacer nada contra este impulso insano hacia la guerra nuclear", cree Roberts. Una vez más, el mundo camina dormido hacia la guerra. Pero esta guerra será nuclear y la última".

¿Otra guerra en el este?

¿Está actuando Israel antes de que se desplieguen los misiles rusos en Irán? - *Israel e Irán juegan papeles importantes en las profecías del tiempo del fin de cada uno - ¿Se está dejando de lado al verdadero Hombre y Mesías con un falso escenario del tiempo del fin?*

Con el telón de fondo de la guerra en Ucrania y sus múltiples efectos de largo alcance en los precios de la energía, el combustible y los alimentos, el 31 de marzo se cruzó una línea crucial en el antiguo conflicto entre Israel (/ Arabia Saudí) e Irán. El embajador de Estados Unidos en Israel, Tom Nides. declaró el pasado jueves 31 de marzo que Israel ya no se enfrentará a ningún bloqueo por parte de Estados Unidos si se toma la decisión de atacar a Irán, incluso si se alcanza inesperadamente un nuevo acuerdo nuclear con la República Islámica. Los anteriores ataques inminentes de Israel contra Irán siempre fueron bloqueados por Washington. Ahora que ya no es así, una nueva guerra, con consecuencias probablemente aún más graves para el mundo que el conflicto de Ucrania, parece sólo cuestión de tiempo.

Amenazas de guerra de ida y vuelta durante unos 15 años

Desde hace unos 15 años venimos escuchando desde Jerusalén que "sólo faltan unos meses" para que Irán tenga una bomba nuclear y que, por tanto, Israel está a punto de destruir las instalaciones nucleares del país.

De hecho, los mulás de Teherán han prometido abiertamente en numerosas ocasiones destruir totalmente el "régimen sionista"; un riesgo que el pequeño Israel, que no dispone de ningún colchón defensivo en el espacio, no puede permitirse.

Esa bomba nuclear iraní -por lo que sabemos- todavía no existe, pero sin embargo se siguen repitiendo una y otra vez las mismas advertencias y amenazas. Llegó un momento en que ese constante griterío de ida y vuelta ya pocos lo tomaban en serio. Eso no significa, sin embargo, que el peligro de un ataque de este tipo haya disminuido.

De hecho, todo lo contrario. Ahora que el mundo ha centrado su atención en otros asuntos urgentes, y que Occidente asume convenientemente que un nuevo (o restaurado) acuerdo nuclear (JCPOA) con Irán está en camino, los israelíes podrían decidir aprovechar la situación para golpear inesperadamente, especialmente ahora que el mayor obstáculo de todos, el veto estadounidense (que se mantuvo intacto incluso bajo Donald Trump), ha sido eliminado por primera vez en todos estos años.

Israel ya no tiene las manos atadas

El jueves pasado, el embajador de Estados Unidos en Israel, Tom Nides, declaró al Canal 12 que Estados Unidos "no espera que Israel se quede quieto y no haga nada" si se alcanza un acuerdo final con Irán. Hemos sido muy claros al respecto. Si tenemos un acuerdo, las manos de Israel no están atadas. Y si no tenemos un acuerdo, las manos de Israel no están atadas. Israel puede tomar todo tipo de acciones que sean necesarias para proteger al Estado de Israel.

Nides continuó diciendo que el presidente Joe Biden - que podría añadir tres más (Rusia directamente, China, Irán) a la nueva guerra que inició (Ucrania)- está "haciendo todo lo posible para asegurarse de que Irán no consiga un arma nuclear".

Irán tiene pocas razones para seguir cooperando

Desde la retirada de Estados Unidos del JCPOA en 2018, Washington ha restablecido todas las sanciones anteriores contra Irán. Como consecuencia, Teherán también ha retirado varios acuerdos, entre ellos el límite prometido para enriquecer uranio y probar nuevos misiles balísticos que teóricamente podrían llevar armas nucleares.

En un principio, Irán estaba dispuesto a frenar el desarrollo de su tecnología nuclear, pero exigía garantías de que no sería sometido a una invasión como la de Irak, ni bombardeado en pedazos como Libia, ni invadido como Siria por un ejército terrorista (ISIS) entrenado y armado por la CIA y la inteligencia turca.

Pero ahora que Israel ha recibido luz verde para atacar a Irán independientemente de cualquier acuerdo a su discreción, la única razón que queda para que Teherán no construya una bomba nuclear se desvanece efectivamente. Después de todo, las estrictas sanciones occidentales contra el país -que, por cierto, están siendo evadidas con la ayuda de China y Rusia- siguen intactas. (1)

Refugiados de Ucrania y una cumbre en el Néguev

A mediados de marzo ya habían llegado a Israel unos 200.000 refugiados procedentes de Ucrania. La ciudad de Jerusalén espera otros 10.000, en su mayoría judíos, esta semana (2). Queda por ver si Israel se lanzará ya en un futuro próximo a una aventura militar muy incierta contra Irán, dada la acogida de tanta gente nueva.

El domingo pasado, en el kibutz Sde Boker, en el Néguev, se celebró una cumbre única entre ministros y diplomáticos de Israel, Estados Unidos, Emiratos Árabes Unidos, Bahréin, Marruecos y Egipto. Arabia Saudí también estaba invitada, pero se mantuvo al margen en protesta por la intención de Estados Unidos de alcanzar un nuevo acuerdo nuclear con Irán. Los saudíes también están enfadados porque el presidente Biden ya no proporcionará armas para la guerra por delegación que se está librando en Yemen con los rebeldes Houthi respaldados por Irán, que han conseguido bombardear y dañar instalaciones petrolíferas saudíes en Jeddah y otros lugares.

¿Actuará Israel antes de que se desplieguen los misiles rusos en Irán?

Israel, como país pequeño, teme que un puñado de bombas nucleares iraníes lo destruyan totalmente. Por otro lado, los israelíes poseen al menos 80, pero según otras fuentes se estima que entre 200 y 300 armas nucleares, algunas de las cuales están colocadas en submarinos. Por lo tanto, Israel está siempre en condiciones de tomar las máximas represalias ante un ataque, e incinerar completamente a Irán. Sin duda, Teherán es consciente de ello. Es en parte por esta razón que esa guerra entre los dos países que se ha anunciado tantas veces en 12 o 15 años todavía no se ha producido.

Según un informe no confirmado de marzo, el Kremlin habría declarado que "Irán desempeñará un papel crucial en la disuasión nuclear rusa". De ser cierto, esto supondría un auténtico "cambio de juego" que haría imposible un ataque israelí en el futuro. Por lo tanto, es posible que Jerusalén se sienta obligada a actuar en un futuro próximo.

En caso de que Israel proceda efectivamente a un ataque militar directo contra las instalaciones nucleares de Irán, esa operación -para la que destinó 900 millones de dólares hace más de un año- pondrá muy probablemente en marcha una guerra internacional mucho mayor en Oriente Medio que presumiblemente implicará también a Estados Unidos, la OTAN, Rusia y posiblemente China. Si la guerra en Ucrania sigue en marcha en ese momento, entonces se podría hablar con razón del comienzo de la Tercera Guerra Mundial.

Israel e Irán juegan un papel importante en las profecías del fin de los tiempos

Los musulmanes chiíes (que viven principalmente en Irán e Irak) creen que en el final de los tiempos el duodécimo imán regresará junto con Isa (la versión islámica de Jesús) para derrotar a Israel y a Occidente, e imponer el islam como la única religión verdadera a la humanidad en todo el mundo.

Los judíos de Israel y los cristianos de todo el mundo ven a Irán precisamente como una parte fundamental de la coalición Gog-out-Magog (Ezequiel 38) que atacará a Israel. Esta coalición está formada por Magog, Persia (Irán), Cush (Sudán), Put (Libia), Lidia (Turquía occidental) Gomer y Beth-Togarma (Turquía). Magog se interpreta casi siempre como Rusia, pero todas las enciclopedias y atlas bíblicos clásicos serios nos dicen que Magog no estaba en la Rusia actual. Tanto Magog, como Mesek, Tubal, Gomer y Beth-Togarma estaban en Asia Menor, concretamente en las repúblicas musulmanas al sur de Rusia (incluyendo Turquía, Uzbekistán, Kazajistán, Turkmenistán, Azerbaiyán).

El profeta Zacarías describe cómo Israel rechazará este ataque islámico masivo desde todos los lados (más conocido como "Armagedón" (también descrito por el profeta Joel), aunque algunos intérpretes piensan que se trata de otra guerra) con armas nucleares, destruyendo a todos los participantes en esta coalición.

¿Un tercer templo?

Antes de que eso ocurra, especialmente los cristianos evangélicos y pentecostales esperan un tratado de paz con Israel, tras el cual se construiría el Tercer Templo. Los preparativos para su construcción llevan décadas; por ejemplo, numerosos objetos de oro (como la Menorah) y también las vestimentas sacerdotales están listas desde hace tiempo, al igual que la "primera piedra".

Los grupos judíos ortodoxos en particular esperan que su Mesías construya este Templo -que puede ser una "puerta" a otra dimensión oscura- y gobierne el mundo desde allí. Por el contrario, los grupos cristianos mencionados anteriormente piensan que esta figura es "el Anticristo", que iniciará una horrible persecución contra los cristianos restantes, y luego también emprenderá guerras para someter al mundo a sí mismo.

¿Se está dejando de lado al verdadero Hombre y Mesías con un escenario falso?

La posición de Israel no es en absoluto incontrovertible tanto en el judaísmo como en el cristianismo. Esto se debe en parte al hecho de que la infame familia Rothschild (la satánica línea de sangre "farisea") tuvo una gran participación en la creación del estado judío y todavía tiene mucha influencia. Según algunos, el actual Israel es por tanto un estado judío "falso" diseñado únicamente para escenificar el "Armagedón" y la llegada de un falso Mesías, como una especie de profecía autocumplida.

Aunque todavía hay numerosas incertidumbres, las políticas y el comportamiento de Israel, especialmente en los últimos años, parecen indicar que el pequeño país, de hecho, sólo está siendo utilizado como una especie de "estado vasallo" de la masonería para llevar a cabo deliberadamente un (falso) escenario religioso del fin de los tiempos, que es convencer a los cristianos, judíos y musulmanes por igual que el Apocalipsis ha ocurrido y el verdadero Mesías ha regresado para establecer el reino de paz de 1000 años en la Tierra.

Sin embargo, ciertamente no es inconcebible que este mismo escenario sea un monstruoso engaño luciferino para atar a la humanidad para siempre a ese "verdadero" falso Cristo, el verdadero "anticristo" que "dejará completamente de lado al Verdadero Hombre y Mesías".

¿Control total = locura total?

Convergencia Biodigital: Los gobiernos trabajan activamente hacia la plena integración humana con las entidades digitales

El ya infame futurista y ponente del FEM Yuval Noah Harari, profesor de historia en la Universidad Hebrea de Jerusalén y máximo asesor de Klaus Schwab, se despide y reconoce que el Covid-19 se está utilizando para poner a todo el mundo "bajo la piel bajo total vigilancia biométrica". Esto significa que la introducción obligatoria de nanochips implantados/inyectados está ya muy cerca, y el aspecto digital de la "Marca de la Bestia" será un hecho consumado en pocos años. Sospechamos que a muchas personas vacunadas, cuyos cuerpos ya han sido inyectados con nanotecnología de ARNm a través de las "vacunas" Covid, se les ha lavado el cerebro hasta tal punto que harán cola ansiosamente para recibir ese chip. Bien, ¡sabrán de inmediato si estoy infectado!"

Covid es crucial, porque convence a la gente para que acepte y reconozca el control biométrico total. Si queremos detener esta epidemia, tenemos que controlar no solo a las personas, sino lo que ocurre bajo su piel". Eso es lo que quieren saber los gobiernos: ¿cuál es nuestra temperatura corporal? ¿Nuestra presión sanguínea? ¿Cuál es nuestra condición médica (o nuestro estado de vacunación)?

Algunas de las conocidas declaraciones anteriores de Harari:

En una entrevista con 60 Minutes, dijo que "hasta ahora hemos visto cómo las empresas y los gobiernos recogen datos sobre dónde vamos, con quién nos reunimos y qué películas vemos. En la siguiente fase, el control irá por debajo de nuestra piel".

Las personas adquieren más poder que nunca. Desarrollamos verdaderos poderes divinos de creación y destrucción. Convertimos a los humanos en dioses y obtenemos el poder de rediseñar la vida.... Los humanos son ahora animales hackeables (CNN inverview noviembre 2019). Toda la idea de que las personas tienen un alma o un espíritu, que tienen libre albedrío y nadie sabe lo que está pasando dentro de ellos, que tienen libre albedrío para hacer una elección, ya sea para las elecciones o en el supermercado, se ha terminado.'

'Los datos valen hoy en el mundo mucho más que el dinero. Hace diez años, las grandes empresas pagaban miles de millones por WhatsApp e In-stagram, y la gente se preguntaba si estaban locos. ¿La razón? Porque estaban produciendo datos. Cada vez más, el mundo está más o menos dividido en esferas de recopilación y cotejo de datos. En la Guerra Fría, teníamos el Telón de Acero. Ahora tenemos el Telón de Acero entre Estados Unidos y China: ¿a dónde van los datos? ¿A California o a Shenzhen, Shanghai y Pekín?".

Convergencia biodigital

En 2020, Policy Horizons, una organización estratégica del gobierno canadiense, publicó el informe "Exploring Biodigital Convergence", en el que se afirmaba que ya en un futuro próximo "la biología y la tecnología digital" se fusionarán, y surgirá un nuevo tipo de humano (transhumano). Sobre este tema, que antes era "ciencia ficción" pero ahora se está haciendo realidad, hemos escrito mucho en los últimos años.

Es más que un cambio tecnológico. Esta convergencia (fusión) biodigital puede transformar la forma en que nos entendemos a nosotros mismos y hacer que redefinamos lo que consideramos humano o natural... Las tecnologías digitales y los sistemas biológicos están empezando a unirse y fusionarse entre sí de manera que pueden alterar profundamente nuestros supuestos sobre la sociedad, la economía y nuestros cuerpos. Lo llamamos la convergencia biodigital. Lo que abre nuevas y sorprendentes formas de cambiar a los seres humanos: nuestros cuerpos, mentes y comportamientos... (Y) de cambiar o crear otros organismos".

Para aquellos que todavía no quieren creer lo que se puso y/o puede haberse puesto en las inyecciones de Covid-19, 'La tecnología digital puede estar incrustada en los organismos, y los componentes biológicos pueden existir como partes de las tecnologías digitales. La mezcla física, la manipulación y la confluencia de lo biológico y lo digital crean nuevas formas de vida híbridas y nuevas tecnologías, cada una de las cuales funciona con capacidades a menudo mejoradas en el mundo tangible".

Interfaces cerebrales e implantes neuronales

Por ejemplo, ya existen robots con cerebros biológicos y cuerpos biológicos con cerebros digitales, así como interfaces hombre-ordenador y cerebro-máquina. Los insectos manipulados digitalmente, como las libélulas dron y los saltamontes "vigilantes", son ejemplos de esta fusión de lo biológico con lo digital. Aprovechando nuestro sistema nervioso, se pueden manipular las neuronas y añadir tecnología para cambiar la función y el propósito de un organismo. Por ejemplo, los científicos ya han equipado los cerebros de las ratas con muchos "cables" adicionales que pueden utilizarse para enviar información y órdenes al cerebro.

Los seres humanos reciben interfaces digitales en (/ a) sus cerebros, con las que pueden dar órdenes de pensamiento para, por ejemplo, abrir una aplicación que, a través de la nanotecnología inyectada, monitoriza y, si es necesario, ajusta la salud del cuerpo.

De este modo, también se podría establecer contacto con Internet, que entonces habrá evolucionado hasta convertirse en el Metaverso (/Metaversum), al que con el tiempo muchos permanecerán presumiblemente vinculados de forma casi crónica. La interfaz también graba tus sueños, lo que te permite mirar atrás y analizarlos más tarde. También te permite programar tus sueños.

En resumen: el concepto clásico de lo que es la "vida" desaparecerá de hecho. La vida ya no será puramente biológica, sino también -y a largo plazo quizá especialmente e incluso totalmente- tecnológica. Para algunos esto puede sonar fantástico, pero no hay que olvidar que los implantes neuronales y otros implantes físicos y la (nano)tecnología estarán bajo el constante control externo de la I.A. 5G/6G, y realmente ya no tendrás ninguna libertad o privacidad, por lo que también -como dijo Harari- no tendrás ninguna libertad de elección o libre albedrío.

La mayoría de la gente está contenta con la condición de esclavo de los androides

Incluso se podrá programar a las personas para que sean perfectamente felices con su condición de esclavos androides. Se detendrá y borrará cualquier recuerdo de lo que fue una vez un ser humano natural, libre e independiente. Personalmente, me parece una abominación del peor orden, pero para muchas personas que realmente encuentran la vida demasiado difícil y complicada, entregar todas las responsabilidades puede ser música para sus oídos.

Cuando miro cómo irreflexivamente y sin sentido la gran mayoría de la población estuvo de acuerdo con las más absurdas y perniciosas medidas de la corona a partir de 2020, y luego con las ahora altamente dañinas inyecciones experimentales de manipulación genética de ARNm, me temo que esto bien puede ser cierto para la gran mayoría. Y eso, por supuesto, es exactamente lo que pretende la élite del FEM ("No poseerás nada y serás feliz").

El FEM anunció el "signo de la bestia" digital casi literalmente en febrero

El 20 de febrero, prestamos atención al nuevo informe del FEM Avanzando hacia la Agencia Digital, que anunciaba casi literalmente un sistema de "signo de la bestia" digital. La conclusión es que todo el mundo va a tener una especie de 'dios' digital personal que va a tomar todas las decisiones importantes por ti, porque basándose en todos tus datos personales, ese 'dios' sabría exactamente lo que quieres y necesitas, y cuándo y dónde. Y "por supuesto" el gobierno va a controlar totalmente cualquier aspecto de este proceso, este "dios", y por lo tanto a TI.

Este perfil digital "puede contener características de datos inherentes (como la biometría)(= características físicas), o características asignadas (como nombres o números de identificación nacional)". Una vez que este documento de identidad digital, que se incrustará en su cuerpo en la siguiente fase, esté en funcionamiento e integrado, también incluirá su comportamiento de compra y su situación médica, además de sus "evaluaciones y decisiones" basadas en su perfil y su comportamiento social/financiero ("un banco decide el atractivo de un individuo para un préstamo"). Se trata nada menos que del sistema de crédito social implantado en China.

Integrar a los humanos transhumanos con el sistema de control global

El uso de 'vacunas' (eventualmente obligatorias) con tecnología avanzada (nano) para construir el sistema 'signo de la Bestia' EN tu cuerpo, para que renuncies a tu libre albedrío en TODAS las áreas y ya no seas capaz de resistirte a este 'dios' de la I.A. en ciernes, lo predijimos en 2009. (Ver también nuestro artículo de 03-09: 'Biosensor nanotecnológico 5G implantable ya a partir de 2021 en las vacunas Covid-19' (/ Transhumano integrándose con el sistema de control digital global)).

No habrá escapatoria de ese sistema, no sólo porque está diseñado deliberadamente como una especie de prisión eterna y porque estas inyecciones de terapia genética tendrán consecuencias irreversibles para la salud de muchos de todos modos, sino también porque te convertirás en una parte inseparable de ese sistema tecnocrático de la "Bestia", en el que estarás "conectado" cada segundo del día para seguir, controlar, dirigir, modificar y cambiar.

Al igual que no puedes eliminar de tu cuerpo los nanotécnicos de ARNm y los picos de las "vacunas" Covid, te resultará imposible separarte de "la Bestia" porque te has "fusionado" con ella. De hecho, ya no serás un "humano" original, sino que te habrás transformado en un androide transhumano, una especie de "ciborg".

Entonces serás adorado por un "dios" digital para siempre, un dios cíborg: la I.A. del "Internet de los Cuerpos" de Schwab, la personificación digital de Lucifer (/ Satán) en la Tierra.

En un documento de Pfizer se reconocía ya el año pasado la existencia de "desprendimiento de la vacuna Covid", que a través del contacto piel con piel y de "respirar el mismo aire" provoca la interrupción de la menstruación e incluso abortos.

El Dr. Philippe van Welbergen, director médico de Biomedical Clinics, ha demostrado, basándose en muestras de sangre de personas vacunadas y no vacunadas, que el óxido de grafeno inyectado en las personas mediante las inyecciones de Covid se organiza en el cuerpo y se convierte en estructuras y cables más grandes y complejos. El óxido de grafeno también adquiere propiedades magnéticas y/o una carga eléctrica.

Además, según él, los "fragmentos" de óxido de grafeno se transferirían de las personas vacunadas a las no vacunadas, y estas últimas también sufrirían coágulos de sangre y células sanguíneas destruidas.

Van Welbergen fue uno de los primeros en advertir al público con fotos de muestras de sangre en 2021 sobre el daño que las inyecciones de Covid provocan en las células sanguíneas humanas. El año pasado, sus pacientes comenzaron a quejarse de fatiga crónica, mareos, problemas de memoria, trastornos menstruales y, en ocasiones, incluso parálisis. En la sangre de los vacunados, encontró estructuras inusuales de grafeno en forma de tubo, algunas de cuyas partículas se iluminaban. Muchas células sanguíneas estaban dañadas; quedaban pocas células sanas.

Muestras de sangre muestran daños severos por las 'vacunas'

En febrero, durante un livestream de Loving Life TV, mostró imágenes de su estudio más reciente de más de 100 muestras de sangre de personas vacunadas y no vacunadas. Demostró que los no vacunados estaban "infectados con las toxinas de la vacuna por diseminación".

Compara las dos imágenes siguientes entre sí. La primera es una toma de células sanguíneas sanas; la segunda es de alguien a quien se le ha inyectado una "vacuna" Covid. Pueden verse claramente hilos de injerto y todo tipo de coágulos. Una de las pocas células sanguíneas sanas aún puede verse en el círculo. Los hilos de grafeno huecos contienen glóbulos rojos y empiezan a bloquear los capilares.

El "Dr. Philippe", como se le llama, descubrió además un efecto de polaridad magnética o eléctrica en diferentes lados de estos hilos de grafeno. En la imagen de abajo, se puede ver una extraña abertura en forma de 'C' que antes no estaba allí, lo que, según él, es una indicación de que la reacción de las sustancias de la vacuna con las células sanguíneas circundantes ha cambiado. Y no sé qué ha provocado esto".

A continuación se muestra una muestra de sangre de un niño de tres años no vacunado, que contiene "fragmentos" de grafeno resultantes del desprendimiento. En otras palabras, el óxido de grafeno se ha transferido de los padres vacunados al niño no vacunado.

La siguiente imagen muestra la sangre de una niña de 8 años no vacunada, cuya sangre ha sido contaminada y destruida por la transferencia de grafeno de las personas vacunadas de su entorno. El brazo derecho y la pierna superior derecha de la niña están efectivamente paralizados. La niña ya no puede levantar el brazo y el fémur ya no funciona correctamente.

Peligro para la salud por el solo contacto con personas vacunadas

Hasta ahora se ha prestado poca atención a los hallazgos y la presentación del Dr. Philippes, lo cual es sorprendente, ya que las consecuencias son muy amplias y graves. Si otros científicos apoyan sus conclusiones, significa que no sólo la salud y la vida de los vacunados contra la Covid corren un gran riesgo, sino que también los no vacunados deben tener mucho cuidado con el contacto frecuente con personas vacunadas, especialmente en lugares donde hay mucha gente junta.

Uno de los efectos secundarios más frecuentes de las inyecciones de ARNm de Covid en mujeres y niñas es la irregularidad o alteración de la menstruación. Miles de mujeres han sufrido abortos espontáneos y varios recién nacidos han muerto.

Cientos de mujeres no vacunadas han preparado declaraciones en las que afirman que han tenido los mismos síntomas y abortos sólo por tener contacto con personas vacunadas.

Un documento de Pfizer, en la nota, confirma que estos efectos graves pueden ser, efectivamente, el resultado de la difusión de la vacuna:

La Dra. Naomi Wolf publicó en abril cientos de estos testimonios de mujeres vacunadas y no vacunadas en Facebook, pero fueron rápidamente bloqueados:

La reportera de ABC7 News, Kate Larsen, preguntó en las redes sociales ese mismo mes si alguna mujer había experimentado este tipo de síntomas tras ser inyectada. Recibió muchos miles de respuestas de mujeres preocupadas que se quejaban de hemorragias (a menudo graves) que a veces duraban semanas, o en las que la menstruación realmente desaparecía. También hubo mujeres que después de la transición volvieron a menstruar de repente, lo que según la medicina holística es una señal de cáncer. (Véase también: 11-01-21: Vacunas de ARNm: la ingeniería genética es peligrosa porque puede causar infertilidad).

Sólo en Estados Unidos, más de 4.000 mujeres han perdido oficialmente a su hijo no nacido o recién nacido en sólo 16 meses. Hay que tener en cuenta que estas estadísticas del VAERS reflejan históricamente sólo el 1% de la cifra real. A modo de comparación, desde 1990, "sólo" 565 mujeres han corrido la misma suerte después de una vacuna contra la gripe, lo que significa que una inyección de Covid da un 16633% más de posibilidades de aborto. En 30 años se registraron 2238 abortos espontáneos como consecuencia de TODAS las demás vacunas aprobadas.

Pfizer y los gobiernos conocían el desprendimiento de ARNm de las vacunas

En el documento de Pfizer "A PHASE 1/2/3, PLACEBO-CONTROLLED, RANDOMIZED, OBSERVER-BLIND, DOSE-FINDING STUDY TO EVALUATE THE SAFETY, TOLERABILITY, IMMUNOGENICITY, Y LA EFICACIA DE LOS CANDIDATOS DE LA VACUNA DE ARN DEL SARS-COV-2 CONTRA EL COVID-19 EN INDIVIDUOS SANOS", hay una sección entera sobre la posibilidad de "derrame de la vacuna de ARNm". Así que Pfizer reconoce que es posible que usted, como persona no vacunada, se "infecte" simplemente por haber estado cerca de una persona no vacunada".

Ya hemos hablado de esto antes. El 8 de mayo de 2021, por ejemplo, escribimos: "Además de los posibles daños permanentes o mortales para la propia salud, parece que los receptores de la vacuna también pueden suponer un peligro para las personas no vacunadas.

Esto se debe a que los numerosos "wappies" de la corona que acaban de recibir sus vacunas se convierten en "fábricas de púas" andantes, y pueden exhalar estas proteínas de las púas. A través de este proceso de "exudación" pueden infectar a otras personas".

Yo mismo tengo regularmente la garganta algo ronca cuando he estado en contacto con personas tostadas. Al cabo de unas horas como máximo, estos síntomas vuelven a desaparecer. De otras personas he oído quejas que van desde la visión borrosa, los dolores de cabeza, los mareos, las náuseas y los sangrados de oído o nariz.

En nuestro artículo del 29 de abril de 2021 (Cada vez hay más informes de personas no vacunadas que enferman tras el contacto con personas vacunadas) se puede leer que es un hecho científicamente establecido que los humanos exhalan un gran número de proteínas. Esto podría incluir perfectamente la proteína (tóxica) de la espiga que codifica la "vacuna" de ARNm Covid.

Sin embargo (¿o precisamente por eso?) impusieron las vacunas Covid-19 a miles de millones de personas con la máxima coacción y una propaganda diaria extremadamente engañosa. Especialmente en los países con mayor cobertura de vacunación, las graves consecuencias para la salud empiezan a ser cada vez más dolorosamente visibles.

Más de 62.000 personas vacunadas en la UE tienen problemas oculares

La OMS advierte de una nueva forma de hepatitis grave en niños; un estudio de Pfizer reconoce que la vacuna puede ser la causa.

Un 7500% más de cáncer tras el inicio de las inyecciones de Covid y un 1000% más de niños muertos y enfermos de 5 a 11 años (frente a todas las demás vacunas) - Las inyecciones matan al doble de negros y latinos que de blancos

Aunque Dinamarca ha suspendido las "vacunas" de Covid-19 al menos hasta después del verano, ahora que el 81% de la población ha recibido dos dosis y el 61,6% una vacuna de refuerzo, y apenas queda gente en el hospital (lo que, por cierto, es perfectamente normal para la primavera), desde hace algún tiempo venimos oyendo en diversos ámbitos que personas (a menudo jóvenes) han tenido problemas de visión después de una inyección de Covid.

Ahora la ceguera es uno de los muchos efectos secundarios potencialmente graves de las inyecciones de Pfizer, Moderna, AstraZeneca y J&J.

Las estadísticas muestran que el número de personas vacunadas que empiezan a ver mal o incluso se quedan completamente ciegas aumenta cada semana. Según una hoja informativa de la Stroke Foundation de Australia, aproximadamente un tercio de los supervivientes de hemorragias cerebrales sufren ceguera permanente (parcial o no). Las hemorragias cerebrales son uno de los otros efectos secundarios peligrosos de las vacunas Covid.

Más de 62.000 europeos con problemas oculares

Hace más de una semana, el número de europeos que han sufrido problemas oculares como consecuencia de la "vacuna" de Pfizer ascendía ya a 30.574 (incluidas 47 muertes). Moderna causó 8993 trastornos oculares (incluyendo 35 muertes), AstraZeneca 20.999 (incluyendo 34 muertes), Janssen (J&J) 1914 (incluyendo 12 muertes) y Novavax 13. En total, por tanto, 62.493 personas en la UE sufrieron ya un trastorno de la cosecha, de las cuales 128 no sobrevivieron. Téngase en cuenta que estas son las cifras oficiales de EudraVigilance, la base de datos de reacciones adversas a los medicamentos de la Agencia Europea del Medicamento, con sede en Ámsterdam, que, según una amplia investigación universitaria, sólo refleja por término medio el 6% del número real de casos y víctimas.

El mismo panorama se observa en Gran Bretaña: casi 25.000 personas con problemas oculares tras una inyección de Covid, 531 de las cuales se han quedado completamente ciegas.

Además, hay decenas de personas que se han quedado ciegas (parcialmente) de un ojo, tienen una visión borrosa prolongada o permanente, o son incapaces de ver de repente durante unos segundos o minutos en momentos inesperados.

Los medios de comunicación convencionales y los "verificadores de hechos" afirman invariablemente que estos casos no están necesariamente causados por una "vacuna" Covid. Se olvidan de mencionar que hay muchos informes de personas que desarrollaron problemas oculares poco después de su(s) inyección(es). Por ejemplo, Louis, cuya esposa se quedó completamente ciega en el ojo izquierdo 4 días después de su inyección de AstraZeneca, y entre un 30% y un 60% ciega en el ojo derecho. Casi todo el mundo se da cuenta ahora de que esto no puede ser una "coincidencia".

Las hemorragias cerebrales causan ceguera

Las hemorragias cerebrales son otro efecto secundario peligroso conocido. Sólo en el Reino Unido se han registrado 3.141 casos y 235 muertes debido a las inyecciones de Pfizer y AstraZeneca. La Stroke Foundation de Australia informa en una hoja informativa de que aproximadamente un tercio de los supervivientes de hemorragias cerebrales sufren una pérdida de visión permanente. La mayoría no recupera la visión (completa).

La razón por la que las hemorragias cerebrales causan ceguera es que los nervios de cada ojo están conectados al cerebro de forma conjunta, por lo que normalmente ambos ojos resultan dañados por una hemorragia cerebral.

Esto puede ocurrir porque se ha demostrado que las partículas nanotecnológicas de las inyecciones penetran en todas las partes del cerebro, y también crean los picos tóxicos, que las "vacunas" que el cuerpo codifica, en el cerebro. El cuerpo entonces ataca estos picos, y por lo tanto su propio cerebro.

Nueva forma de hepatitis grave en niños

Las inyecciones de Covid llevan causando estragos en la salud de millones de receptores desde principios de 2021. Hace unos días, la OMS alertó sobre una nueva forma de hepatitis grave en 74 niños hasta el momento, que se ha detectado en Gran Bretaña, España e Irlanda, entre otros países.

Pfizer ha confirmado en sus propios estudios que las proteínas de las espigas viajan efectivamente por todo el cuerpo y no permanecen en el lugar de la inyección, como se afirmó el año pasado. La mayor concentración de picos parece acumularse en el hígado, y además en el bazo, las glándulas suprarrenales y los ovarios.

Los científicos de la Universidad de Lund incluso descubrieron que la "vacuna" de ARNm de Pfizer puede incorporarse al ADN de las células hepáticas. También encontraron picos en la superficie de las células hepáticas que pueden ser atacados por el sistema inmunitario, causando una hepatitis autoinmune.

Los niños de 5 a 11 años deben recibir ahora también un "refuerzo" si depende de Pfizer, y ello a pesar de que las dos primeras inyecciones en este grupo de edad provocaron un aumento de la mortalidad (9 muertes) y la morbilidad (43 discapacitados permanentes) de más del 1000% con respecto a todas las demás "vacunas".

Los vaxxers suelen decir entonces: oh, pero esas cifras siguen siendo muy bajas. Efectivamente, ¡pero será su propio (abuelo) hijo! Considere que en 2009 unas pocas docenas de muertes (de todas las edades) fueron suficientes para detener la vacunación contra la gripe porcina.

Más de 43.000 muertes en la UE; explosión de casos de cáncer

El número total de víctimas mortales contabilizadas oficialmente por las inyecciones de Covid en la UE el 9 de abril era de 43.005, un 2,54% del total de casos. Hasta ese momento se habían contabilizado hasta 1,88 millones de acontecimientos adversos graves (el 45,85% del total).

En una entrevista con The Vigilant Fox, el Dr. Ryan Cole nos dijo que recibe informes de todo el mundo de médicos que ven cómo se dispara el número de pacientes con cáncer. Un vistazo a las estadísticas oficiales del VAERS de EE.UU. muestra que en 16 meses se han registrado 739 casos de cáncer (con 84 muertes) debido a las "vacunas" Covid. En los 30 años anteriores, hubo "sólo" 220 casos y 16 muertes, lo que se traduce en un aumento del 7567%.

Por último, pero no menos importante: El 8 de abril, el VAERS añadió más de 100 abortos espontáneos después de una semana que se produjeron después de que la madre tomara la vacuna Covid-19. Esto elevó el número total de abortos espontáneos a 4023. Eso es mucho más en sólo 16 meses que los 3134 de cualquier otra vacuna que se haya tomado. (8)

Las inyecciones matan al doble de negros y latinos que de blancos

El Secretario de Salud de Estados Unidos, Xavier Becerra, ha dicho que "sabemos que las vacunas están matando al doble de personas de color... negros, latinos, nativos americanos (indios), que a los americanos blancos".

La razón más probable es la deficiencia crónica de vitamina D3. Las personas con piel más oscura no suelen ser conscientes de que su pigmento bloquea la producción de vitamina D por la luz solar en su piel. A partir de 2020, numerosos estudios han demostrado una relación directa entre los pacientes graves de Covid y la deficiencia de vitamina D. Las personas con niveles altos en la sangre parecen enfermar mucho menos, o no enfermar en absoluto. Así que esto también se aplica a las personas blancas.

El Dr. alemán Sucharit Bhakdi (Médicos por la Ética de Covid) se hizo mundialmente famoso por ser uno de los primeros científicos del sistema en advertir seriamente a la gente de que no tomara la vacuna Covid-19.

Escribió el famoso bestseller "Corona False Alarm" y su secuela "Corona Unmasked". En una reciente entrevista con el Dr. Peter Breggin, el Dr. Bhakdi no dejó lugar a dudas: "Digo a todos los que participan: estas vacunas (de ARNm) van a cambiar la humanidad.

Van a cambiarte: tu psique, tu cerebro. No lo hagas. Perderás tu individualidad y tu personalidad. Dejarás de ser un ser humano".

El Dr. Bhakdi comienza la entrevista con un mensaje conmovedor: Creo que estamos en medio del Apocalipsis. El fin está cerca. Todo el mundo DEBE comprender el peligro y levantarse... contra esta agenda diabólica, satánica y diabológica (Nuevo Orden Mundial)' de los grandes megabancos, las corporaciones multinacionales, el complejo militar-industrial y las organizaciones internacionales como el Foro Económico Mundial.

En la segunda parte de la entrevista, el científico explicó por qué, desde el punto de vista científico, las personas son más fáciles de manipular cuando han recibido las inyecciones de ARNm.

Reiteró el hecho, ya conocido, de que las inyecciones de Covid no son verdaderas vacunas, sino que desencadenan que el cuerpo humano produzca la proteína tóxica del (supuesto) coronavirus. Estos picos, según él, sólo tienen una función: "abrir la puerta" en las células para el virus.

El daño a las células que ingieren el ARNm es causado principalmente por el propio sistema inmunitario del organismo. Esto también se ha confirmado ya en numerosos estudios científicos.

Una vez que las células empiezan a producir la proteína de la espiga, el sistema inmunitario ataca a estas células e intenta matarlas. En las personas que padecen enfermedades autoinmunes ocurre exactamente lo mismo. Eso significa que inyectarles vacunas de ARNm equivale a plantar las semillas para la aparición de enfermedades autoinmunes.

La gente con personalidad cambiará

De hecho, las "vacunas" de ARNm se comparan mejor con "cartas en un sobre", continuó. Estas "cartas" viajan por todo el cuerpo hacia destinos desconocidos y son captadas por células a las que el virus nunca habría llegado. Estas células se encuentran en los ganglios linfáticos y en las paredes de los vasos sanguíneos.

El daño causado a estas células una vez que reciban las "cartas" y lleven a cabo las instrucciones será enorme; por ejemplo, numerosas personas ya han sufrido coágulos de sangre (/ hemorragias cerebrales, trombosis) y daños en el propio sistema inmunológico.

Los que han creado estas vacunas se creen más que Dios.

La "envoltura" -que consiste en las nanopartículas de lípidos- es puro veneno, ya que contiene lípidos tóxicos catiónicos (cargados positivamente) (glóbulos de grasa). Los lípidos naturales están cargados negativamente o no tienen carga alguna.

La mayoría de las moléculas importantes de nuestras células están cargadas negativamente. Los lípidos catiónicos se unen a ellas e interfieren en su función. Estos lípidos positivos pueden incluso actuar directamente sobre el ADN cargado negativamente, y también sobre las proteínas cargadas negativamente necesarias para la curación de las heridas.

Los coágulos sanguíneos se forman cuando los vasos sanguíneos están dañados. Estos coágulos pueden formarse en vasos pequeños en lugares que nunca se pueden detectar con las exploraciones.

Con el tiempo, la obstrucción de los pequeños vasos del cerebro provocará daños cerebrales, que cambiarán la personalidad de las personas (lenta o rápidamente).

Los patólogos descubrieron que el 90% de los fallecidos tenían picos en todo el cuerpo

Pfizer y Moderna, según el Dr. Bhakdi, saben muy bien que el daño a estos capilares no puede detectarse fácilmente, y creen que se saldrán con la suya. Sin embargo, los patólogos pueden identificar este daño post mortem. Por ejemplo, el año pasado los patólogos alemanes detectaron la proteína de la espiga en todos los órganos, el corazón, el cerebro, el hígado, el bazo, los pulmones y los órganos reproductores.

Su conclusión fue impactante: el 90% de las personas que murieron después de la vacunación tenían síntomas de un ataque autoinmune, con el corazón como principal objetivo (piense en los muchos cientos de atletas que repentinamente desarrollaron problemas cardíacos, tuvieron que abandonar o incluso murieron).

Numerosos estudios han demostrado que es imprevisible la rapidez con la que se produce ese proceso. Algunas personas experimentan problemas graves a los pocos días o incluso horas de su vacuna; otras personas pueden seguir funcionando como si no hubiera pasado nada durante meses después de su vacuna de refuerzo y luego enfermar gravemente y/o morir de repente.

Al final de la entrevista, el Dr. Breggin subrayó que "estamos en un momento crucial. Es evidente que necesitamos que la gente se levante con valor contra estas cosas. Sobre lo que han escuchado hoy: no se queden impotentes y se alteren y abrumen. Enfádate, pero no demasiado. Ponte a trabajar, actívate, ama. Habla con tus vecinos y amigos... participa en la política local... Aprende todo lo que puedas y sé tan activo como puedas. Estamos en un momento de la historia en el que tenemos que defender la libertad en el mundo.

'El 30% de los pilotos tienen problemas de corazón por culpa de las vacunas'

Otro científico que se hizo famoso es el cardiólogo Dr. Peter McCullough. En una entrevista realizada el 20 de abril, el piloto Joshua Yoder, cofundador de la organización de transporte US Freedom Flyers, dijo al millonario de la tecnología Steve Kirsch, fundador de la Fundación para la Investigación de la Seguridad de las Vacunas, que, según McCullough, el 30% de los pilotos no pasarían la prueba médica porque sus corazones estaban afectados por las "vacunas" Covid.

Yoder dijo que los pilotos vacunados han sufrido dolor en el pecho, miocarditis y pericarditis. Conoció personalmente al menos a tres pilotos que vuelan con dolor en el pecho, y a otro que está en tratamiento con un cardiólogo.

Recientemente, el piloto de American Airlines Robert Snow sufrió un ataque al corazón sólo 6 minutos después de aterrizar en el aeropuerto de Dallas-Fort Worth.

Tuvo que ser tratado con un desfibrilador, y luego fue trasladado al hospital. Según Yoder, la vacuna de Johnson & Johnson fue la culpable. American Airlines, por su parte, está tratando de distanciarse al máximo del incidente.

Dr. Geert Vanden Bossche: NUNCA te pongas una vacuna de refuerzo, el sistema sanitario se colapsará

El Dr. Geert Vanden Bossche, experto en virus y vacunas, que en su día trabajó para la Fundación Bill y Melinda Gates y la alianza GAVI, llegó a los medios de comunicación libres, tanto internacionales como de nuestro país, con sus severas críticas a las políticas de vacunación. En noviembre de 2021, llegó a advertir a todas las personas que "nunca tomen vacunas Covid", porque debilitan el sistema inmunitario humano.

A principios de ese año, Vanden Bossche advirtió que suministrar a miles de millones de personas nuevas "vacunas" durante una pandemia -un absoluto imposible en inmunología hasta 2020- tendría consecuencias nefastas porque podría hacer mucho más peligrosas las mutaciones que normalmente siempre se producen, especialmente de virus respiratorios como el corona.

Más tarde, instó a todos los que se vacunaron a no recibir una vacuna de refuerzo bajo ninguna circunstancia, porque es "absolutamente una locura". Las vacunas de refuerzo ejercen aún más presión sobre el sistema inmunitario natural. Esto es peligroso y no debería hacerse". Si las personas reforzadas entran en contacto con todo tipo de enfermedades en algún momento, lo que queda de su sistema inmunitario tendrá dificultades extremas para proteger el cuerpo.

En consecuencia, la mayoría de las personas vacunadas, pero sobre todo las que nacen, requerirán en algún momento un "tratamiento médico intensivo".

Al mismo tiempo, el sistema inmunitario de los no vacunados se volverá cada vez más potente. Pero como la gran mayoría de la gente ha sido vacunada y reforzada, 'esto conducirá inevitablemente al colapso de nuestro sistema sanitario. No soy un predicador del día del juicio final, pero no se puede decir de otra manera".

Más de 45.000 muertes por vacunas y 2 millones de enfermos y discapacitados graves y/o permanentes en la UE siguen siendo ignorados por la comunidad médica - *Los documentos publicados demuestran que Pfizer sabía que los niños podían padecer el síndrome de la vacuna*

El Síndrome de Muerte Súbita del Adulto (SADS) es la última excusa con la que la comunidad médica intenta explicar el enorme número de víctimas supuestamente "inesperadas" de la "vacuna" Covid-19.

Se aconseja a los menores de 40 años que se sometan a una revisión cardíaca porque se dice que muchos de ellos corren el riesgo de padecer el síndrome de muerte súbita del adulto, o SADS por sus siglas en inglés. Este síndrome puede ser mortal para todo tipo de personas, independientemente de su estilo de vida y su salud.

El gran número de personas jóvenes hemisféricas que caen repentinamente muertas -incluyendo cientos de atletas de alto nivel- posiblemente sólo tienen una cosa en común, y es que casi sin excepción se han vacunado contra el Covid-19.

Pero como las inyecciones de manipulación genética de ARNm han sido declaradas sacrosantas, nunca se les debe culpar.

Eso también mataría inmediatamente a numerosos políticos y líderes médicos internacionales.

Mapa de víctimas de la vacuna previsto para 2020

Por ello, el Real Colegio Australiano de Médicos Generales tampoco dice nada sobre las inyecciones. El SADS, según la organización de médicos, no es más que "un término general para describir las muertes inesperadas en los jóvenes". El SADS afecta principalmente a personas menores de 40 años.

Declarar víctimas de la vacuna a alguna nueva enfermedad o síndrome es algo que predijimos ya en 2020, por cierto.

El SADS se diagnostica cuando en la autopsia no se encuentra ninguna causa de muerte evidente. La Fundación SADS de Estados Unidos afirma que más de la mitad de las 4.000 víctimas anuales del SADS entre niños, adolescentes y adultos jóvenes presentan al menos uno de los dos principales signos de alerta.

Entre ellos se encuentran los antecedentes familiares de muertes inesperadas y los desmayos o convulsiones durante el esfuerzo físico, la excitación o la tensión.

El ejemplo que se da es el de Catherine Keane, de 31 años, que al parecer murió mientras dormía el año pasado en Dublín. Su madre declaró que Keane estaba en plena forma, caminaba 10.000 pasos todos los días e iba al gimnasio.

Consejo: hazte un chequeo del corazón lo antes posible

En Australia se está elaborando el primer registro oficial de víctimas del SADS. Según el Instituto del Corazón y la Diabetes Baker de Melbourne, unas 750 personas menores de 50 años sufren infartos cada año en el estado de Victoria. En unas 100 personas más jóvenes no se encuentra la causa de la muerte, ni siquiera tras una exhaustiva autopsia.

La doctora Elizabeth Paratz, cardióloga, explica la anterior falta de atención al SADS al hecho de que "se produce mucho fuera del entorno médico tradicional" y "el 90% de estos casos de SADS tienen lugar fuera del hospital", lo que es un argumento evidentemente falso, sobre todo porque desde principios del año pasado se ha identificado una razón extremadamente relativa: la "vacunación" de toda la población contra el Covid-19.

Según la Dra. Paratz, combatir el SADS es difícil, ya que los científicos aún no han podido encontrar los "genes" que supuestamente causan el SADS. Su "mejor consejo" para cualquier persona con una muerte inesperada e inexplicable en su familia es que se haga un chequeo del corazón lo antes posible.

Más de 45.000 muertes por la vacuna Covid en la UE

Los médicos y otros profesionales de la medicina podrían, por supuesto, limitarse a mirar las estadísticas oficiales para ver la verdadera causa de la explosión del SADS.

Según el monitor de la Agencia Europea del Medicamento, EudraVigilance, ya han muerto 45.316 personas en la UE a causa de las inyecciones de Covid-19, y más de 4,4 millones de personas han enfermado, la mitad de ellas (casi 2 millones) de forma grave y/o permanente, incluyendo discapacidades como parálisis y ceguera.

En Estados Unidos, las cifras no son menos aterradoras. Por ejemplo, 37.301 niños de entre 12 y 18 años ya han enfermado (gravemente) o han muerto tras ser inyectados con una "vacuna" Covid. Cerca del 12% de las víctimas (3809 casos) son de California.

 Eso no impide que este estado liberal de izquierdas quiera vacunar a los niños de entre 12 y 18 años contra el Covid-19 sin el consentimiento de sus padres. La legislatura californiana decidirá al respecto esta semana. Por cierto, los niños del estado ya pueden decidir por sí mismos que se les inyecte la vacuna del VPH, altamente dañina, desde 2011.

Pfizer y la FDA sabían que los niños podían padecer el síndrome de la vacuna

Varios médicos estadounidenses señalaron, en nombre de la Universidad de Colorado, que los niños podían contraer la Enfermedad Reforzada Asociada a la Vacuna (EVA). Un análisis más detallado de los documentos confidenciales de Pfizer que tuvieron que ser publicados tras una orden judicial muestra que tanto el fabricante como la FDA (Food & Drug Administration) sabían que esto iba a ocurrir.

El objetivo del estudio era demostrar que las inyecciones de Covid protegerían a los niños del SMI (Síndrome Inflamatorio Multisistémico). Desgraciadamente, los médicos descubrieron que las "vacunas" hacen exactamente lo contrario, y en realidad provocan el SMI.

En definitiva, continúa uno de los mayores crímenes de la historia de la humanidad, inyectar a miles de millones de personas con "vacunas" experimentales de manipulación genética bajo el pretexto de combatir un virus que ha demostrado no ser más peligroso que la gripe. Incluso los niños pequeños han sido convertidos en conejillos de indias del complejo farmacéutico, que parece haber tomado el control total de los políticos occidentales en particular.

www.ingramcontent.com/pod-product-compliance
Lightning Source LLC
Chambersburg PA
CBHW070613170726
48004CB00018B/1308